한눈에 보이는
디지털 그림책

한선관, 조현제 지음

서문

> "디지털 혁명은 인류 역사상 가장 중요한 사건 중 하나로,
> 인간이 지식을 축적하고 전달하는 방식을 근본적으로 바꿔 놓았다."
>
> 에릭 슈밋(Eric Schmidt), 전 구글 CEO

디지털 시대는 이미 우리 일상 깊숙이 자리잡았습니다. 눈을 뜨고 잠들기 전까지 우리는 끊임없이 디지털 기기를 사용하며, 그로 인해 만들어진 정보의 흐름 속에서 살아가고 있습니다. 하지만 이 디지털 세계가 어떻게 작동하는지, 그 기반에는 어떤 개념들이 숨겨져 있는지는 종종 잊고 지내기 쉽습니다.

이 책은 디지털 세계의 문턱을 넘어, 그 안에 숨겨진 원리와 개념을 쉽게 이해할 수 있도록 돕기 위해 집필되었습니다. 복잡하고 어렵게 느껴질 수 있는 컴퓨터 과학의 기초 개념들을 최대한 이해하기 쉽게 풀어내고, 일상에서 자주 접하는 디지털 기술들이 어떻게 작동하는지 설명하고자 합니다. 그리고 이 모든 과정을 시각적으로 더욱 명확하게 전달하기 위해 그림과 함께 이야기하려 합니다.

디지털의 세계는 0과 1이라는 기본적인 이진법에서 출발하여, 소프트웨어의 근간이 되었고, 이제는 인공지능으로까지 발전하며 우리의 삶에 지대한 영향을 미치고 있습니다. 디지털 기술이 소프트웨어로 구현되면서, 다양한 분야에서 혁신적인 변화를 이끌어내고 있으며, 이러한 기술적 발전은 인공지능을 통해 그 정점에 다다르고 있습니다. 인공지능은 단순한 데이터 처리와 분석을 넘어, 학습과 예측, 창의적 문제 해결까지 가능하게 함으로써 미래를 혁신적으로 변화시키고 있습니다.

엘빈 토플러는 그의 저서 『제3의 물결』에서 농업과 산업을 넘어서는 새로운 정보화 시대의 도래를 예언했습니다. 그는 이 시대가 "지식이 생산과 소비의 중심에 서게 되는 사회"라고 설명하며, 정보와 디지털 기술이 우리의 삶을 근본적으로 변화시킬 것임을 강조했습니다. 오늘날 우리는 그의 예언이 현실이 된 시대를 살고 있습니다.

또한 니콜라스 네그로폰테는 그의 저서 『디지털이다(Being Digital)』에서 디지털 기술이 단순한 도구를 넘어, 우리의 사고방식과 생활 방식을 혁신적으로 변화시킬 것이라고 주장했습니다. 그는 아날로그에서 디지털로의 전환이 단순한 기술적 변화가 아니라, 인간의 삶에 대한 새로운 패러다임을 제시한다고 말했습니다.

디지털이 지배하는 세상에서 승자가 되기 위해서는 그 기초를 이해하고, 그 위에 통찰력이 있는 지식을 쌓아가야 합니다. 이 책은 이러한 통찰을 바탕으로, 디지털의 기초를 이해한다는 것이 단순히 기술적인 지식을 쌓는 것을 넘어, 우리가 매일 사용하는 기술과 더 깊이 소통하고, 나아가 그 기술을 활용해 더 나은 삶을 설계하는 데 어떻게 도움이 될 수 있는지를 탐구합니다. 디지털 세상을 이해하고 활용하는 능력을 키우는 것은, 곧 변화하는 시대에 적응하고, 나아가 그 변화를 주도하며 미래를 개척할 수 있는 힘을 갖게 되는 것입니다.

> "미래를 예측하는 가장 좋은 방법은 미래를 창조하는 것이다."
>
> 앨런 케이(Alan Kay), 컴퓨터 과학자

이제 우리는 디지털의 근본 원리와 컴퓨터 과학의 기초를 탐구하는 여정을 시작하려 합니다. 엘빈 토플러와 니콜라스 네그로폰테의 통찰을 지침 삼아, 이 여정이 여러분에게 즐겁고 유익한 경험이 되기를 진심으로 바랍니다. 또한 이 책이 여러분이 디지털 혁명에서 주도적인 역할을 할 수 있는 작은 불씨가 되기를 기대합니다.

2024년 8월 저자 일동

저자 소개

한선관 교수님

- 경인교육대학교 컴퓨터교육과 교수
- 한국인공지능교육학회 학회장
- 인공지능교육연구소 소장
- 『한눈에 보이는 생성형 AI와 자연어 처리 그림책』, 『한눈에 보이는 메타버스 그림책』, 『한눈에 보이는 인공지능 수학 그림책』, 『챗GPT와 썸타기』, 『한눈에 보이는 데이터 과학과 AI 그림책』, 『한눈에 보이는 블록체인 그림책』, 『한눈에 보이는 인공지능 그림책』, 『놀랍게 쉬운 인공지능의 이해와 실습』, 『AI 플레이그라운드』, 『AI 사고를 위한 인공지능 랩』, 『스크래치 주니어 워크북』, 『중학교 정보』 교과서, 『스크래치 마법 레시피』, 『스크래치 창의컴퓨팅』(이상 성안당), 『컴퓨팅 사고를 위한 파이썬』, 『컴퓨팅 사고를 위한 스크래치 3.0』, 『소프트웨어 교육』, 『소프트웨어 교육 방법』(이상 생능출판사) 집필

조현제 선생님

- 현직 초등학교 교사
- 경인교육대학교 인공지능 융합교육 석사
- SW · AI 교육 콘텐츠 개발 중
- 평택교육지원청 부설 영재교육원 강사

차례

서문	4
저자 소개	6
차례	8

Chapter 1 디지털의 개요 — 10

Lesson 1	디지털 데이터	12
Lesson 2	디지털의 개념	15
Lesson 3	디지털 정보의 표현	19
Lesson 4	디지털 신호 전환	22
Lesson 5	불 대수	25
Lesson 6	디지털 리터러시	33

Chapter 2 컴퓨터의 발전과 하드웨어 — 36

Lesson 1	컴퓨터의 발전	38
Lesson 2	컴퓨터의 핵심 부품	46
Lesson 3	중앙처리장치(CPU)	48
Lesson 4	주 기억 장치	57
Lesson 5	보조 기억 장치	61
Lesson 6	입출력 장치	64

Chapter 3 데이터 — 66

Lesson 1	디지털 세상	68
Lesson 2	데이터 과학	74
Lesson 3	자료 구조	76
Lesson 4	데이터베이스	84

Chapter 4 알고리즘 — 92

Lesson 1	알고리즘의 개요	94
Lesson 2	알고리즘의 복잡도	97
Lesson 3	정렬 알고리즘	100
Lesson 4	탐색 알고리즘	106

Chapter 5 프로그래밍 — 110
- Lesson 1 프로그래밍 기초 — 112
- Lesson 2 프로그래밍 언어의 분류 — 115
- Lesson 3 프로그래밍 패러다임 — 117

Chapter 6 인공지능 — 126
- Lesson 1 인공지능 개요 — 128
- Lesson 2 생성형 AI — 131
- Lesson 3 인공지능을 활용한 이미지 생성 — 135
- Lesson 4 인공지능을 활용한 음악 생성 — 138
- Lesson 5 인공지능을 활용한 영상 생성 — 147

Chapter 7 메타버스, 가상 현실, 디지털 트윈 — 150
- Lesson 1 가상 현실 — 152
- Lesson 2 메타버스 — 157
- Lesson 3 디지털 트윈 — 165

Chapter 8 정보 통신과 보안 — 170
- Lesson 1 정보 통신 — 172
- Lesson 2 클라우드 — 181
- Lesson 3 보안 — 186
- Lesson 4 블록체인 — 193

Chapter 9 디지털의 윤리적 이슈 — 196
- Lesson 1 디지털 역기능 — 198
- Lesson 2 인공지능 관련 이슈 — 203
- Lesson 3 NFT 관련 이슈 — 210

찾아보기 — 212

디지털의 개요

Lesson 1 디지털 데이터
Lesson 2 디지털의 개념
Lesson 3 디지털 정보의 표현
Lesson 4 디지털 신호 전환
Lesson 5 불 대수
Lesson 6 디지털 리터러시

Lesson 1
디지털 데이터

POINT 디지털 기술의 발달로 변하고 있는 생활 모습을 알아봅시다.

1 생활 속 디지털

여러분의 생활 속에서 디지털과 관련된 것을 찾는다면 무엇을 찾을 수 있을까요? 이제는 이것이 없는 생활은 상상하기도 어려운 스마트폰, 각종 업무에 사용하는 PC 또는 노트북 등을 쉽게 찾을 수 있습니다. 오늘날 우리는 디지털 기술이 발달하면서 과거와는 다른 모습의 사회에서, 달라진 생활 방식으로 살아가고 있습니다.

디지털 기술의 발달로 인해 달라진 생활 모습 몇 가지를 찾아볼까요? 과거에는 멀리 떨어진 곳에 살고 있는 친구에게 안부 인사가 담긴 편지와 나의 사진을 전달하려면 어떤 과정이 필요했나요? 손으로 직접 쓴 편지와 인화한 사진을 우체국에 전달하고, 이를 상대방에게 전달하였습니다. 오늘날에는 지금 당장 스마트폰을 꺼내 SNS, 이메일 등을 이용하여 편지와 사진, 내 모습을 촬영한 동영상까지도 단 몇 초 만에 전달할 수 있습니다.

학생이라면 수업에 참여하는 방식에도 변화가 있음을 쉽게 알아차릴 수 있습니다. 과거에는 교사와 학생이 서로 마주 보고 수업을 진행했습니다. 오늘날에는 자신의 방안에서 녹화된 영상 강의뿐만 아니라 줌(Zoom), 구글 미트(Google Meet)와 같은 여러 가지 화상회의 플랫폼을 이용하여 실시간으로 진행되는 수업에도 참여할 수 있습니다. 또 교실에서 AR(증강 현실), VR(가상 현실), 메타버스(Metaverse) 등을 수업에 활용하여 더 효과적으로 배우기도 합니다.

마지막으로 한 가지 상황을 상상해 봅시다. 패션에 관심이 없던 여러분이 새 옷을 사려고 한다면 어떤 과정을 거칠 수 있을까요? 패션과 관련된 정보를 얻기 위해 먼저 스마트폰을 꺼내 유튜브 앱을 실행합니다. 유튜브 검색창에 '패션 유튜버'라고 검색하고, 조회수가 높은 영상을 보며 자신이 구매할 옷의 정보를 얻습니다. 다음으로 온라인 쇼핑몰에서 구매할 옷을 찾고, 결제까지 완료하면 며칠 뒤 집에서 옷을 받을 수 있습니다. 패션 정보를 얻는 순간부터 결제까지 모든 과정이 디지털 기술의 발달로 누릴 수 있는 풍경입니다. 이처럼 디지털 기술의 발달은 인간의 생활과 밀접한 연관이 있기 때문에 우리는 디지털 기술에 대해 알 필요가 있습니다.

2 디지털 유목민

　유목민이란 한 지역에 정착하지 않고, 이곳에서 저곳으로 돌아다니면서 가축을 기르는 사람들을 말합니다. 그렇다면 디지털 유목민(Digital Nomad, 디지털 노마드)이란 무엇일까요? 디지털 유목민이란 프랑스의 경제학자인 자크 아탈리(Jacques Attali)가 1997년에 소개한 용어로 디지털 세상의 발달로 인하여 시간과 장소에 구애받지 않고, 여기저기 이동하며 일하는 사람을 뜻합니다. 미국의 경제 금융 언론《포브스》에 따르면 전 세계적으로 디지털 유목민이 2019년에는 1,100만 명에서 코로나19를 겪으며 2022년에는 3,500만 명으로 3배 이상 증가했습니다. 또 2035년에는 디지털 유목민이 약 10억 명에 달할 것으로 예상했습니다. 증가하는 디지털 유목민들을 자국으로 끌어들이기 위하여 세계 여러 나라들이 디지털 유목민 비자를 발급하고 있습니다. 이처럼 디지털 세상의 발달로 사람들의 근무 방식과 산업 구조, 국가의 정책까지도 변하고 있습니다.

> **여기서 잠깐**
>
> **디지털 유목민**은 주로 1980~90년대에 태어난 세대가 많은 비중을 차지합니다. 2000년대 이후에 태어난 세대는 태어날 때부터 디지털화된 세상을 살아가는 세대로 **디지털 원주민**(Digital Native, 디지털 네이티브)이라고 합니다.

Lesson 2
디지털의 개념

POINT 디지털이란 무엇일까요? 디지털을 아날로그와 비교하며 알아봅시다.

1 디지털과 아날로그

여러분이 아래의 손목시계를 보고 가리키는 시간을 대답한다면 몇 시 몇 분이라고 읽을 것인가요? 어떤 사람은 6시 22분, 또 다른 사람은 6시 23분이라고 읽을 수 있습니다. 이번에는 탁상시계를 보고 시간을 대답한다면 몇 시 몇 분이라고 대답할 것인가요? 이 책을 읽고 있는 독자라면 모두 3시 28분 56초라고 답할 것입니다. 두 시계의 차이를 발견하셨나요?

디지털과 아날로그는 정보를 표현하고 처리하는 서로 다른 두 가지 방식입니다. 탁상시계의 시간이 1초씩 늘어나는 것처럼 디지털 방식은 불연속적인 값, 즉 이산적인 값을 사용하여 정보를 표현합니다. 반대로 손목시계의 시곗바늘이 하나의 숫자에서 다른 숫자로 끊김 없이 이동하는 것처럼 아날로그 방식은 연속적인 값을 사용하여 정보를 표현합니다.

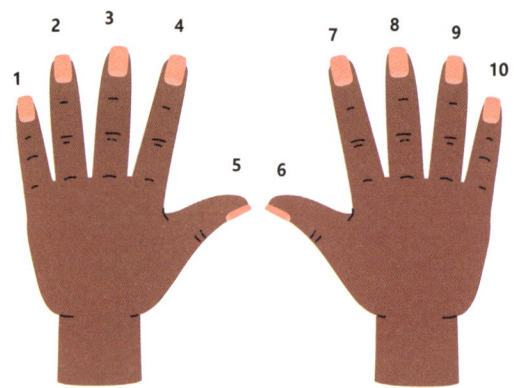

▲ 열 손가락 번호

손가락으로 1부터 10까지의 숫자를 셀 때는 하나의 수에서 다음 수로 값을 건너뛰면서 셉니다. 손가락으로 세는 수는 이산적인 값으로 디지털 방식이라고 할 수 있습니다. 이렇게 이산적인 값으로 정보를 표현하는 '디지털(Digital)'의 어원은 무엇일까요? 바로 손가락을 뜻하는 라틴어 'digitus'입니다.

▲ 아날로그 세상(산, 나무, 구름 등)을 바탕으로 디지털 사진이 만들어지는 모습

디지털은 무엇을 기반으로 만들어질까요? 바로 우리가 살고 있는 아날로그 세상입니다. 컴퓨터가 등장함에 따라 아날로그 세상의 원자로 이루어진 물질과 인간의 다양한 생각과 행동까지 디지털로 전환할 수 있게 되었습니다. 미국 MIT 교수인 니콜라스 네그로폰테는 1995년 출간한 자신의 저서 『디지털이다』에서 이렇게 아날로그 세상에서 디지털 세상으로 전환되는 디지털 혁명을 '아톰(Atom)에서 비트(Bit)로의 변화'라고 칭하기도 하였습니다.

2. 디지털의 강점

디지털과 아날로그는 서로 다른 강점과 약점이 있습니다. 디지털은 아날로그와 비교하여 더욱 정밀하게 데이터를 나타낼 수 있다는 강점이 있습니다. 아날로그 신호는 연속적이므로 근처에 있는 다른 전기 장치의 전자기 간섭 등으로 인하여 정보가 왜곡되거나 손실될 수 있습니다. 반면 디지털 신호는 0과 1의 이산적인 신호로 구성되어 정확합니다.

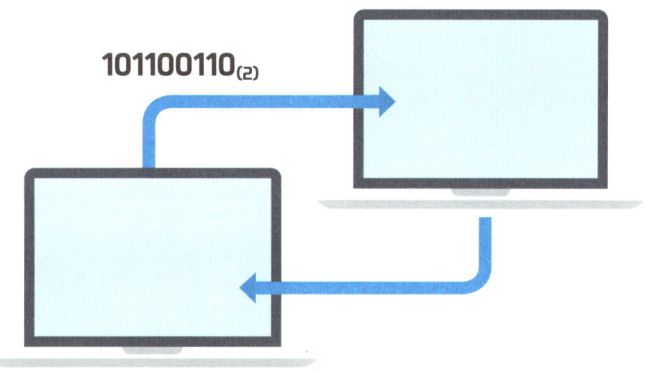

또한 디지털 데이터는 아날로그 데이터에 비하여 저장 및 전송, 복사가 쉽습니다. 아날로그 데이터는 시간이 지남에 따라 성능이 저하될 수 있고 온도, 습도와 같은 외부 요인에 취약할 수 있습니다. 아날로그 데이터의 저장 장치가 차지하는 물리적 공간도 상대적으로 큽니다. 반면 디지털 데이터는 칩 하나에 많은 데이터를 저장할 수 있고, 품질이나 정보의 손실 없이 데이터를 복사할 수도 있습니다.

▲ 아날로그 필름

▲ 손상된 필름

▲ USB를 이용하여 데이터를 저장하는 모습

▲ 디지털 데이터를 자유롭게 주고받는 모습

  이 외에도 디지털 데이터는 다양한 장치 및 기술에서 사용할 수 있고, 다양한 형식으로 쉽게 변환할 수 있습니다. 따라서 서로 다른 장치, 플랫폼에서 디지털 데이터를 자유롭게 공유하고 사용할 수 있는 호환성이 뛰어납니다.

Lesson 3
디지털 정보의 표현

POINT 디지털 시스템에서는 정보를 0과 1만 가지고 숫자를 표현하는 2진법을 사용합니다. 디지털 시스템에서 사용하는 2진법의 의미에 대해 알아보겠습니다.

1 디지털 정보의 표현 단위

디지털 정보를 나타내는 가장 기본적인 단위는 비트(Bit)입니다. 비트 1개는 0과 1이라는 두 가지 상태의 정보만을 표현할 수 있습니다. 비트 4개를 모은 4비트는 '1니블(Nibble)', 비트 8개를 모은 8비트는 '1바이트(Byte)'라고 합니다.

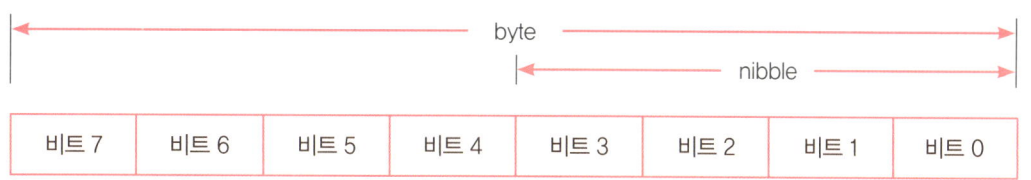

▲ 비트와 니블, 바이트의 단위

2 2진법

우리가 일상적으로 사용하는 수는 0부터 9까지 10개의 숫자로 표현합니다. 이를 10진법이라고 합니다. 하지만 디지털 시스템에서는 0과 1, 2개의 숫자로 표현하는 2진법을 사용합니다. 초기 컴퓨터에서는 일정한 형식의 종이에 구멍을 뚫어 구멍의 유무에 따라 0과 1을 표현하는 펀치 카드를 사용하기도 하였습니다. 이후 다이오드, 트랜지스터와 같은 반도체가 발명되면서 전류의 유무에 따라 전류가 흐르면 1, 전류가 흐르지 않으면 0으로 표현하게 되었습니다. 이렇게 디지털 시스템에서 2진법을 사용함으로 10진법을 사용했을 때보다 덜 복잡하게 컴퓨터를 구성할 수 있습니다.

	8bits = 1B(Byte)	
Kilobyte	1,000bytes	1KB(킬로바이트)
Megabyte	1,000,000bytes	1MB(메가바이트)
Gigabyte	1,000,000,000bytes	1GB(기가바이트)
Terabyte	1,000,000,000,000bytes	1TB(테라바이트)
Petabyte	1,000,000,000,000,000bytes	1PB(페타바이트)
Exabyte	1,000,000,000,000,000,000bytes	1EB(엑사바이트)
Zetabyte	1,000,000,000,000,000,000,000bytes	1ZB(제타바이트)
Yotabyte	1,000,000,000,000,000,000,000,000bytes	1YB(요타바이트)

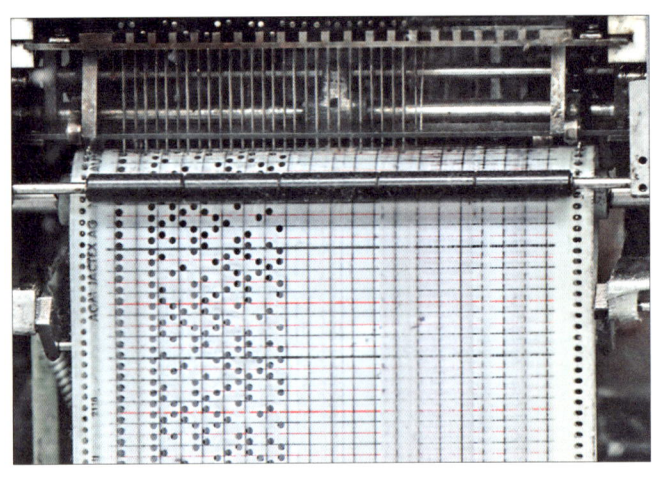

▲ 펀치 카드

2 진법 변환

우리가 일상적으로 사용하는 10진수와 컴퓨터에서 사용하는 2진수, 그 외에 8진수, 16진수 등 하나의 수를 서로 다른 진법을 사용하는 수로 변환할 수 있습니다. 여기에서는 10진수를 2진수로 변환하는 방법에 대해 알아보겠습니다. 10진수를 2진수로 변환할 때는 정수 부분과 소수 부분을 나누어 계산합니다.

71.6875라는 10진수를 2진수로 바꾸는 과정을 살펴봅시다. 먼저 정수 부분인 71을 2로 나눕니다. 몫은 35, 나머지는 1이므로 아래에 몫과 나머지를 그림처럼 계산합니다. 2로 나누고,

몫과 나머지를 계산하는 과정을 몫이 1이 나올 때까지 반복합니다. 마지막으로 (구한 몫 1에) 나머지를 아래에서 위로 차례대로 쓰면 1000111$_{(2)}$이라는 2진수가 나오게 됩니다.

다음으로 소수 부분인 0.6875는 2를 곱합니다. 곱셈의 결과로 나오는 1.3750에서 정수 부분인 1을 2진수의 소수 첫째 자리에 적습니다. 남은 소수 부분인 0.3750에 또 2를 곱하고 나오는 0.7500에서 0을 2진수의 소수 둘째 자리에 적습니다. 이러한 과정을 소수 부분이 0이 될 때까지 반복합니다. 최종적으로 71.6875라는 10진수를 1000111.1011$_{(2)}$이라는 2진수로 변환할 수 있습니다.

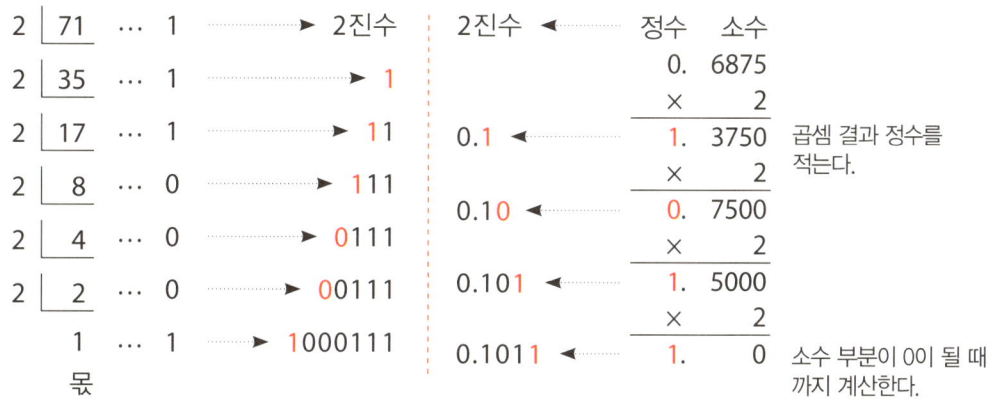

위와 같이 2를 곱하는 과정이 유한하게 끝나는 경우도 있지만 대부분의 10진 소수 부분은 수에 따라 2를 곱하는 과정이 무한히 반복됩니다. 이런 경우, 소수 부분을 2진수로 정확하게 표현하지 못하여 오차가 발생합니다. 표현하는 소수 자릿수가 많을수록 원래의 10진수에 가까운 수를 표현할 수 있지만 변환하는 데 많은 시간이 소요됩니다.

Lesson 4
디지털 신호 전환

POINT 아날로그 신호를 디지털 시스템에서 처리하기 위하여 디지털 신호로 변환하는 과정이 필요합니다. 아날로그 신호를 디지털 신호로 변환하는 과정에 대해 알아봅시다.

1 아날로그 신호에서 디지털 신호로

앞에서 알아본 것처럼 디지털 시스템을 이용하여 정보, 즉 신호를 처리하는 것이 아날로그 시스템을 이용하는 것보다 유리합니다. 그러므로 아날로그 신호를 디지털 신호로 변환하는 장치가 필요한데 이를 아날로그-디지털 변환기(ADC, Analog-to-Digital Converter)라고 합니다.

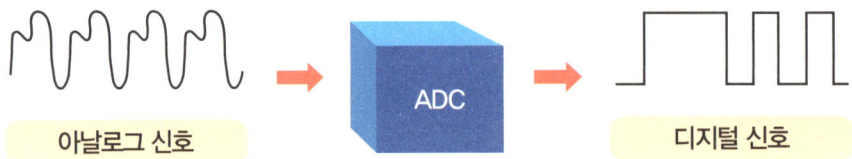

아날로그 신호를 디지털 신호로 변환하는 과정은 표본화, 양자화, 부호화 3가지 과정으로 이루어집니다. 임의의 아날로그 신호를 디지털 신호로 변환하는 과정으로 알아보겠습니다.

> ❗ **여기서 잠깐**
> 디지털 시스템은 전기·전자 회로로 이산적인 정보를 가공, 처리, 출력하는 형태의 장치를 말합니다. 시스템에서 사용하는 정보를 **신호**라고 합니다.

2 표본화

　표본화(Sampling)란 아날로그 신호에서 일정한 시간 간격으로 표본을 추출하여 불연속적인 신호로 변환하는 단계입니다. 정보 이론의 아버지라고 불리는 클로드 섀넌(Claude Elwood Shannon)의 표본화 정리에 따르면 신호의 최고 주파수의 2배 이상의 빈도로 표본화를 하면 표본화된 데이터로부터 본래의 데이터를 재현할 수 있습니다. 다음 그림은 아날로그 신호를 표본화한 결과를 나타낸 그림으로 일정한 시간 간격마다 추출한 표본이 점으로 찍혀 있습니다.

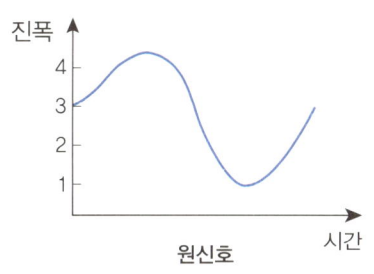
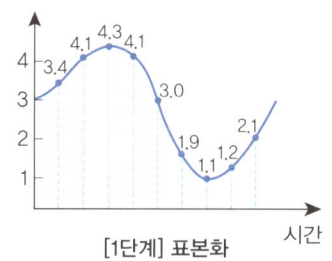

3 양자화

　양자화란 표본화 과정에서 추출한 표준화된 신호에 각각의 진폭 크기를 정숫값으로 변환하는 단계입니다. 다음의 그림을 살펴보면 진폭 크기가 3.4인 표본은 미리 나누어 놓은 구간의 값(1, 2, 3, 4) 중 가장 가까운 3의 값으로 변환합니다. 진폭 크기가 1.1인 표본은 1의 값으로 변환합니다. 이러한 과정을 '양자화'라고 합니다.

　양자화 과정을 거칠 때 차이가 발생합니다. 예를 들어 진폭 크기가 3.4인 표본이 3의 값으로 변환될 때, 0.4라는 차이가 발생합니다. 이를 '양자화 잡음(Quantization Noise)'이라고 합니다. 진폭 크기를 나누는 간격이 짧을수록(간격이 1이 아닌 0.5) 양자화 잡음을 줄일 수 있지만 데이터의 크기가 커지는 단점이 있습니다.

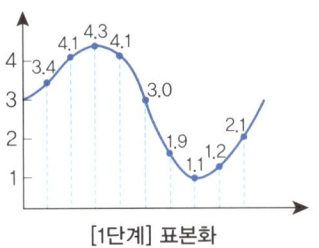
[1단계] 표본화

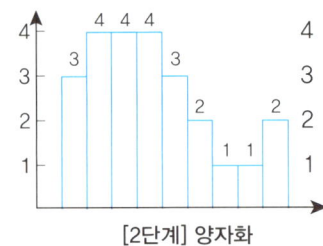
[2단계] 양자화

4 부호화

부호화는 양자화한 값을 컴퓨터가 처리할 수 있도록 0과 1의 2진 데이터로 변환하는 단계입니다.

[2단계] 양자화

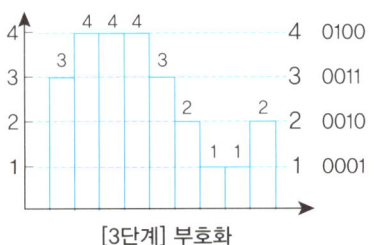
[3단계] 부호화

반대로 디지털 신호를 아날로그 신호로도 변환이 가능합니다. 이러한 장치를 디지털-아날로그 변환기(DAC, Digital-to-Analog Converter)라고 합니다.

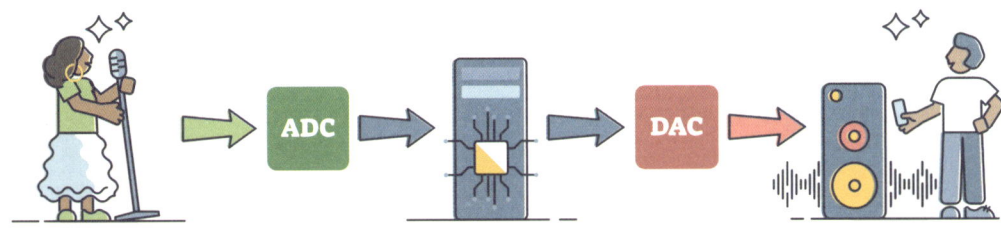

Lesson 5
불 대수

POINT 디지털 및 컴퓨터 과학의 발전에 중요한 역할을 한 불 대수에 대해 알아봅시다.

1 불 대수

불 대수(Boolean Algebra)란 영국의 수학자 조지 불(George Boole)이 창안한 대수의 한 형식으로 변수들의 논리적 상관관계를 표현하는 방법입니다. 변수는 A, B와 같은 문자로 표현하고, 참 또는 거짓(1 또는 0) 중 하나의 값을 가집니다. 이를 A=0, A=1과 같이 나타낼 수 있습니다. 입력한 변수의 값을 바탕으로 논리곱(AND), 논리합(OR), 부정(NOT) 등의 논리 연산을 실시할 수 있습니다. 그 결과 출력되는 변수의 값도 마찬가지로 참 또는 거짓 중 하나의 값을 가지게 됩니다. 참 또는 거짓(1 또는 0)이라는 값은 스위치나 회로의 닫힘과 열림, 트랜지스터의 On, Off, 전압의 High, Low 등 두 가지 상태를 표현할 수도 있습니다. 따라서 불 대수는 컴퓨터 과학, 전자 회로 및 논리 회로 설계에 응용되어 정보를 처리하는 데에 사용되고, 이진 데이터 및 논리를 처리하는 강력하고 체계적인 방식을 제공하므로 디지털 및 컴퓨터 과학 분야에서 많은 기술의 발전을 가능하게 했습니다.

▲ 조지 불

> **⚠ 여기서 잠깐**
>
> 불 대수는 입력한 변수와 출력되는 변수 사이의 수치적인 상관관계가 아닌 **논리적 상관관계를 수학적으로, 즉 논리식으로 표현**합니다.

2 불 대수의 기본 연산

불 대수의 기본 연산에는 AND 연산, OR 연산, NOT 연산이 있습니다. 기본 연산들을 조합하여 NAND, NOR, XOR, XNOR 연산 등도 처리할 수 있습니다. 불 대수를 물리적인 장치(전자회로)에 구현할 수 있는데 이것을 논리 게이트라고 합니다. 아래에서는 여러 가지 연산에 대한 진리표(입력값과 출력값을 나타내는 표), 논리 기호(논리 게이트를 기호로 표현)를 함께 알아보겠습니다.

■ **AND 연산**

AND 연산(논리곱)은 모든 입력이 1인 경우에만 1을 출력하는 연산입니다. 입력 중 0의 값이 하나라도 있다면 0을 출력합니다. F = A·B = AB와 같이 곱(·)의 형태로 나타냅니다. 집합 연산의 교집합을 떠올리면 쉽게 이해할 수 있습니다.

A	B	출력값(F)
0	0	0
0	1	0
1	0	0
1	1	1

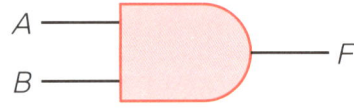

▲ AND 연산의 진리표와 논리 기호

> ❗ **여기서 잠깐**
>
> **논리 게이트란** 한 개 이상의 입력 단자와 하나의 출력 단자로 구성되는 전자회로로 **디지털 회로의 기본 구성 요소**입니다.

AND 연산을 수도 배관에서 밸브가 열리고(1), 닫힌(0) 상태를 이용하여 이해할 수도 있습니다. 입력값이 모두 1일 때, 즉 모든 밸브가 열려 있으면 물이 흐릅니다(출력값 1).

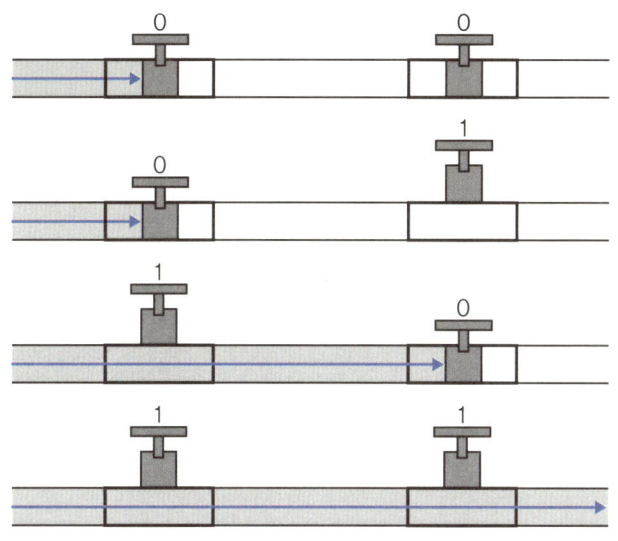

▲ AND 연산을 수행하는 배관의 모습

■ OR 연산

OR 연산(논리합)은 입력 중 하나라도 1이 있다면 1을 출력하는 연산입니다. 모든 입력값이 0일 때에만 0을 출력합니다. F = A + B와 같이 합(+)의 형태로 나타냅니다. 집합 연산의 합집합을 떠올리면 쉽게 이해할 수 있습니다.

A	B	출력값(F)
0	0	0
0	1	1
1	0	1
1	1	1

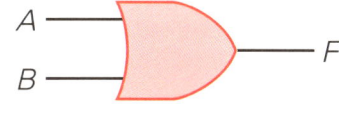

▲ OR 연산의 진리표와 논리 기호

OR 연산도 수도 배관을 이용하여 이해할 수 있습니다. 입력값이 하나라도 1일 때, 즉 밸브 중 하나라도 열려 있으면 물이 흐릅니다(출력값 1).

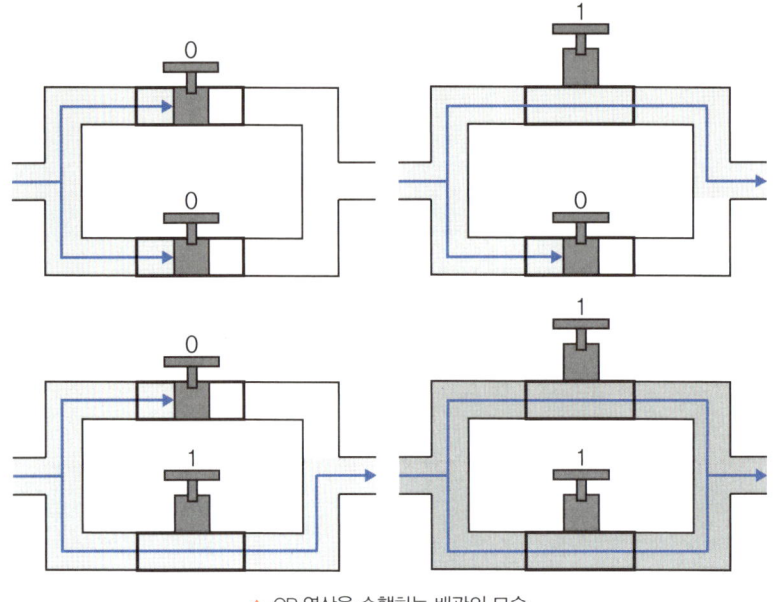

▲ OR 연산을 수행하는 배관의 모습

■ NOT 연산

NOT 연산은 입력과 출력이 1개씩 있는 연산으로 입력과 반대되는 값을 출력하는 연산입니다. 즉 입력값이 1이면 출력값이 0, 입력값이 0이면 출력값이 1입니다. NOT은 $\overline{A}$(또는 A´)로 나타냅니다.

A	출력값(F)
0	1
1	0

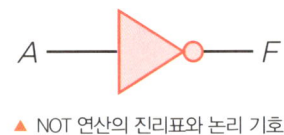

▲ NOT 연산의 진리표와 논리 기호

■ NAND 연산

NOT-AND를 의미하는 NAND 연산은 AND 연산 후 NOT 연산을 진행한 연산입니다. 입력 중 하나라도 0이 있다면 1을 출력합니다. 모든 입력값이 1일 때, 0을 출력합니다.

A	B	출력값(F)
0	0	1
0	1	1
1	0	1
1	1	0

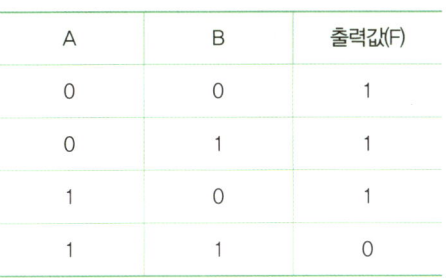

▲ NAND 연산의 진리표와 논리 기호

- **NOR 연산**

NOT-OR를 의미하는 NOR 연산은 OR 연산 후 NOT 연산을 진행한 연산입니다. 모든 입력값이 0일 때에만 1을 출력합니다. 입력 중 하나라도 1이 있다면 0을 출력합니다.

A	B	출력값(F)
0	0	1
0	1	0
1	0	0
1	1	0

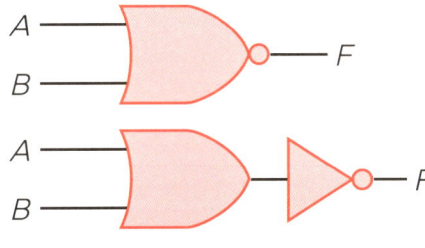

▲ NOR 연산의 진리표와 논리 기호

■ XOR 연산

XOR 연산은 홀수 개의 1이 입력되면 1을 출력하는 연산입니다. 입력값 중 1의 개수가 짝수 개라면 0을 출력합니다.

A	B	출력값(F)
0	0	0
0	1	1
1	0	1
1	1	0

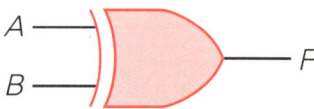

▲ XOR 연산의 진리표와 논리 기호

■ XNOR 연산

NOT-XOR(XOR의 반대)을 의미하는 XNOR 연산은 짝수 개의 0이나 1이 입력되면 1을 출력하는 연산입니다. 입력값 중 1의 개수가 홀수 개라면 0을 출력합니다.

A	B	출력값(F)
0	0	1
0	1	0
1	0	0
1	1	1

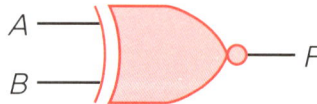

▲ XNOR 연산의 진리표와 논리 기호

3 불 대수 공리

불 대수의 논리적 체계를 구성하기 위해 증명을 따로 하지 않고 받아들이기로 한 가장 기본이 되는 명제인 불 대수 공리가 있습니다. 불 대수 공리는 다음과 같고, 직접 AND 연산 또는 OR 연산을 실시해 보면 그 결과를 확인할 수 있습니다.

P1	$A = 0$ or $A = 1$
P2	$0 \cdot 0 = 0$
P3	$1 \cdot 1 = 1$
P4	$0 + 0 = 0$
P5	$1 + 1 = 1$
P6	$1 \cdot 0 = 0 \cdot 1 = 0$
P7	$1 + 0 = 0 + 1 = 1$

▲ 불 대수 공리

4 불 대수 법칙

불 대수에서는 이중 부정 법칙, 교환 법칙, 결합 법칙, 분배 법칙, 드 모르간의 정리 등이 성립합니다. 각각의 법칙이 성립하는지 확인하려면 진리표를 작성해 보면 됩니다. 변수들에 0 또는 1을 모두 넣어 보고, 왼쪽의 식의 값과 오른쪽 식의 값이 일치하는지 확인합니다.

■ **항등 법칙**

❶ $A + 0 = 0 + A = A$ ❷ $A \cdot 1 = 1 \cdot A = A$

❸ $A + 1 = 1 + A = 1$ ❹ $A \cdot 0 = 0 \cdot A = 0$

■ **멱등 법칙**

❺ $A + A = A$ ❻ $A \cdot A = A$

- **보간 법칙**
  - ❼ $A + \overline{A} = 1$
  - ❽ $A \cdot \overline{A} = 0$

- **이중 부정 법칙**
  - ❾ $\overline{\overline{A}} = A$

- **교환 법칙**
  - ❿ $A + B = B + A$
  - ⓫ $A \cdot B = B \cdot A$

- **결합 법칙**
  - ⓬ $(A + B) + C = A + (B + C)$
  - ⓭ $(A \cdot B) \cdot C = A \cdot (B \cdot C)$

- **분배 법칙**
  - ⓮ $A \cdot (B + C) = A \cdot B + A \cdot C$
  - ⓯ $A + B \cdot C = (A + B) \cdot (A + C)$

- **흡수 법칙**
  - ⓲ $A + A \cdot B = A$
  - ⓳ $A \cdot (A + B) = A$

- **드 모르간의 정리**
  - ⓴ $\overline{A + B} = \overline{A} \cdot \overline{B}$
  - ㉑ $\overline{A \cdot B} = \overline{A} + \overline{B}$

A	B	$A + B$	왼쪽 식 $\overline{A + B}$	$\overline{A}$	$\overline{B}$	오른쪽 식 $\overline{A} \cdot \overline{B}$
0	0	0	1	1	1	1
0	1	1	0	1	0	0
1	0	1	0	0	1	0
1	1	1	0	0	0	0

▲ 드 모르간의 정리 증명

이러한 법칙들은 불 대수에서 복잡한 식을 단순화하고 분석하기 쉽게 만드는 데 필수적입니다.

Lesson 6
디지털 리터러시

POINT 디지털 사회에서 필요한 디지털 리터러시에 대해 알아봅시다.

1 디지털 리터러시의 의미

디지털 리터러시란 'digital'과 'literacy'의 합성어입니다. 디지털 리터러시라는 개념이 등장하기 이전에 컴퓨터의 발달로 인한 컴퓨터 활용 기술 습득에 초점을 두며 컴퓨터 리터러시라는 개념이 등장하였습니다. 이후 다양한 디지털 미디어와 디지털 기기의 등장으로 정보를 효과적으로 찾고, 비판적으로 분석 및 평가하는 능력, 디지털 도구를 활용하여 의사소통하는 능력 등도 함께 강조하고 있습니다. 2018년 유네스코(UNESCO)는 디지털 리터러시를 다음과 같이 정의하였습니다.

디지털 리터러시란 '직장, 일자리, 창업과 같은 목적을 갖고 디지털 기술을 활용하여 정보를 안전하고, 적절하게 탐색하고, 관리하고, 이해하고, 통합하고, 소통하고, 평가하고, 창조할 수 있는 능력'입니다.

▲ 유네스코 그림, 디지털 리터러시의 정의(출처: https://uis.unesco.org/en/blog/global-framework-measure-digital-literacy)

실생활에서의 디지털 리터러시

디지털 사회에서 살고 있는 우리는 일생생활 속에서 디지털 리터러시 역량을 발휘하며 살아가고 있습니다. 디지털 리터러시 역량을 발휘하는 모습 몇 가지를 살펴보겠습니다.

▲ 디지털 기기를 활용하여 코딩하는 장면

▲ 화상 회의 및 온라인 미팅

▲ 스마트폰으로 뉴스 기사를 접하는 장면

NOTE

Chapter 2

컴퓨터의 발전과 하드웨어

Lesson 1 컴퓨터의 발전
Lesson 2 컴퓨터의 핵심 부품
Lesson 3 중앙처리장치(CPU)
Lesson 4 주 기억 장치
Lesson 5 보조 기억 장치
Lesson 6 입출력 장치

Lesson 1
컴퓨터의 발전

POINT 컴퓨터의 발전 과정에 대해 알아봅시다.

1 생각을 담는 그릇

우리의 마음은 생각이라고도 하며 한자어로는 사고(思考)라고 합니다. 물이 컵에 담겨져 있듯이 우리의 생각은 우리의 신체에 담겨져 있습니다. 신체가 생각을 담고 있을 때, 지능을 가진 하나의 개체로서 존재하게 됩니다. 사람들은 오래 전부터 자신의 머릿속에 있는 생각을 담아내는 도구를 만들기 위해 노력했습니다. 아주 오래된 예로 쐐기 문자가 있습니다. 쐐기 문자는 현재 발견된 문자 중 가장 오래된 문자로 주로 점토판에 쓰여졌습니다. 고대 메소포타미아 지역의 수메르인들이 기원전 3,500년 경부터 사용했던 쐐기 문자는 오늘날의 문자와 비교하면 매우 간단한 수준이었지만 시간이 지나면서 점점 상형문자적인 요소는 줄어들게 되었고, 점점 추상화되어 더욱 고차원적인 생각을 담는 도구로 발전하였습니다.

▲ 수메르인들이 사용했던 쐐기문자

2 컴퓨터의 어원

컴퓨터(Computer)는 '계산하다'라는 의미의 라틴어 'computare'에서 유래한 단어입니다. 천문학과 같은 분야에서는 엄청난 양의 수학적 계산이 필요했습니다. 지금과 같은 디지털 컴퓨터가 발달하기 이전에는 이러한 계산을 하는 계산원들이 있었습니다. 이 계산원들을 계산하는 사람이라는 의미로 '컴퓨터'라고 불렀습니다. 이것이 시초가 되어 오늘날 우리가 사용하고 있는 기계 컴퓨터를 컴퓨터라고 부르게 되었습니다.

▲ 과거 '컴퓨터'라는 직업을 가진 사람들의 모습(NASA 제트추진연구소, 1955년. 책상 위에 있는 거대한 기계는 타자기가 아니라 기계식 계산기다(출처: https://www.jpl.nasa.gov)).

3 20세기 이전의 컴퓨터

20세기 이전의 컴퓨터의 모습을 알아보기 이전에 여러분의 머릿속에는 '20세기 이전에 컴퓨터가 존재했다고?'라는 의문이 들 수 있습니다. 앞에서 알아보았듯이 계산하는 도구라는 의미의 컴퓨터를 떠올려야 합니다. 그렇다면 최초로 계산에 사용된 도구는 무엇일까요? 바로 주판입니다. 주판은 고대 메소포타미아 지방에서 만들어졌습니다. 당시에는 모래로 덮힌 판 위에 돌을 놓아가며 계산을 하였습니다. 오늘날과 유사한 형태의 주판은 중국 한나라 때 등장하였고, 이후 오랜 기간 사용되었습니다.

▲ 오늘날의 주판

1642년 프랑스의 수학자인 블레즈 파스칼(Blaise Pascal)은 세금 공무원이었던 아버지를 돕기 위해 톱니바퀴를 이용하여 덧셈과 뺄셈을 계산할 수 있는 파스칼 계산기를 만들었습니다. 1671년에는 독일의 수학자인 고트프리트 라이프니츠(Gottfried Wilhelm Leibniz)는 덧셈, 뺄셈뿐만 아니라 곱셈, 나눗셈도 계산할 수 있는 계산기를 만들었습니다.

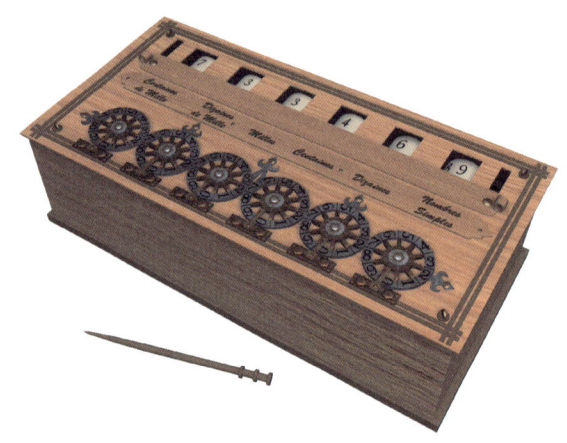

▲ 파스칼 계산기, 파스칼린

1822년 영국의 수학자 찰스 배비지(Charles Babbage)는 다항 함수를 계산하고, 이를 이용하여 로그와 삼각함수를 계산할 수 있는 차분 기관(Difference Engine)을 설계하였습니다. 배비지는 영국 정부의 지원을 받아 차분 기관에 대한 연구를 지속하였지만 오랜 기간 동안 완성하지 못하였습니다. 시간과 예산이 많이 들어갔지만 완성된 차분 기관의 모습을 보지 못한 영국 정부는 결국 예산 지원을 끊고, 배비지의 차분 기관은 설계도만 남게 되었습니다. 시간이 한참 흘러 1991년, 배비지 탄생 200주년을 기념하여 런던 과학 박물관에서 배비지의 설계에 따라 차분 기관 2호를 만들기도 하였습니다.

▲ 런던 과학 박물관에 전시된 차분 기관 2호의 복제품

    1837년 배비지는 차분 기관에 이어 다양한 데이터를 처리할 수 있는 해석 기관(Analytical Engine)을 발표하고, 죽기 전까지 설계를 지속하였습니다. 해석 기관은 수를 저장하는 장치(기억 장치), 이를 계산하는 장치(연산 장치), 기계의 동작을 제어하는 장치(제어 장치), 입출력 장치로 이루어져 있었는데 이는 오늘날 컴퓨터의 프로그램 처리 방식과 유사했습니다. 하지만 해석 기관을 만드는 데 자금이 부족하였고, 당시 기계를 만드는 기술력의 한계로 해석 기관 역시 완성하지 못하였습니다.

4 20세기 이후의 컴퓨터

    현대적 의미의 컴퓨터와 유사한 컴퓨터는 어느 시기에 발전하기 시작했을까요? 바로 제2차 세계대전 시기입니다. 제2차 세계대전 중 각국의 군대는 적군이 발포한 미사일이 어디로, 어떻게 떨어질지 그 궤도를 예측하거나 적군의 암호를 해독하는 등의 임무를 빠르게 수행하는 것이 무엇보다 중요했습니다. 이를 위해 많은 양의 계산을 빠르게 하는 장치가 필요했고, 자연스럽게 계산을 위한 장치인 컴퓨터가 발달하게 되었습니다.

    1942년 아이오와 주립 대학에서 존 빈센트 아타나소프와 클리포드 베리가 ABC 컴퓨터(Atanasoff-Berry Computer)를 개발하였습니다. 이는 세계 최초의 전자식 컴퓨터입니다.

    제2차 세계대전이 끝난 1946년, 미국 펜실베니아 대학에서 에니악(ENIAC, Electronic

Numerical Integrator And Computer)을 개발하였습니다. 에니악은 교실 세 곳을 합친 공간을 차지할 만큼 크기가 컸습니다. 에니악을 만드는 데에 약 1만 8,800여 개의 진공관을 사용하였고, 무게가 무려 30톤에 달하였습니다. 어마어마한 크기에 걸맞게 전력 소모 역시 엄청났다고 합니다. 에니악을 구동할 때면 미국 필라델피아 지역의 가로등이 어두워질 정도였다고 합니다.

▲ 에니악(ENIAC)의 모습

> **여기서 잠깐**
>
> 처음에는 에니악이 세계 최초의 전자식 컴퓨터로 유명했습니다. 하지만 1973년 ABC 컴퓨터를 개발한 아타나소프가 에니악이 아닌 **ABC 컴퓨터가 세계 최초의 전자식 컴퓨터**라고 이의를 제기하였고, 미국 법원에서는 이를 인정하였습니다.

에니악을 이용하여 계산을 하려면 사람이 전선 하나하나를 직접 넣어야 했습니다. 외부 프로그램 방식이라는 에니악의 단점을 보완하기 위하여 폰 노이만은 컴퓨터의 기억 장치에 명령과 데이터를 기억시켜서 명령어들을 바로 실행할 수 있는 프로그램 내장 방식을 고안하였습니다. 이 방식을 이용하여 1949년 에드삭(EDSAC)을 개발하였습니다. 이어 1951년 최초의 상업용 컴퓨터인 유니박(UNIVAC)이 개발됩니다.

이후에도 개인이 컴퓨터를 사용하기에는 여전히 그 크기가 크고, 가격도 비쌌습니다. 시간이 흘러 1960년대 집적회로(IC)의 발달과 마이크로프로세서의 개발로 컴퓨터가 점차 소형화되었습니다. 그리고 1970년대 중반, 개인용 컴퓨터(PC, Personal Computer)의 시대가 막을 열었습니다. 이 시대의 대표적인 개인용 컴퓨터가 1977년 애플 컴퓨터의 '애플 II'입니다.

▲ 애플 II 컴퓨터

개인용 컴퓨터가 계속 발달하고, 보급되면서 오늘날과 같이 컴퓨터 없는 삶은 상상하기 어려울 만큼 컴퓨터는 우리 삶 작은 부분까지 자리매김하게 되었습니다.

세대	회로 소자	특징	
제1세대	진공관(Vaccum tube)	전력 소모와 열이 많음.	
제2세대	트랜지스터(transistor)	크기가 작아지고, 발열이 개선됨.	
제3세대	집적회로(IC, Integrated Circuit)	기억 용량은 커지고, 중앙처리장치가 작아짐.	
제4세대	고밀도 집적회로(LSI, Large Scale Integrated Circuit)	더욱 소형화. 컴퓨터의 사용이 확대됨.	
제5세대	초고밀도 집적회로(VLSI, Very Large Scale Integrated Circuit)	소자에 따른 분류 자체가 의미가 없어짐.	

▲ 회로 소자에 따른 컴퓨터 세대

5 영화 <이미테이션 게임>과 앨런 튜링

2015년 개봉한 영화 <이미테이션 게임>은 '컴퓨터 과학의 아버지'라고 알려진 앨런 튜링의 이야기를 영화로 만든 작품입니다. 영화의 배경은 1939년, 제2차 세계대전 당시의 영국입니다. 제2차 세계대전 당시 독일군은 암호화 기계인 에니그마(Enigma)를 이용하여 통신을 주고받았습니다. 연합군은 에니그마를 사용하는 독일군의 군 기밀을 알아내지 못하였고, 독일군은 자신들이 사용하는 암호 체계가 완벽하다고 생각하였습니다. 에니그마를 해독하기 위해 앨런 튜링을 비롯하여 여러 전문가들이 팀을 이루고, 우여곡절 끝에 에니그마 해독에 성공합니다. 이로써 제2차 세계대전에서 연합군이 승리하는 데 기여하였고, 전쟁을 일찍 끝낼 수 있었습니다.

▲ 영화 〈이미테이션 게임〉 포스터
(출처: 네이버 영화)

▲ 앨런 튜링

> **여기서 잠깐**
>
> 1966년부터 ACM(Association for Computing Machinery, 계산기협회)에서는 매년 컴퓨터 과학 분야에 뛰어난 업적을 남긴 사람에게 상을 줍니다. 이 상의 이름은 앨런 튜링의 이름을 빌려 '**튜링상**'이라고 합니다. 튜링상은 컴퓨터 과학 분야의 노벨상으로 불릴 만큼 권위 있는 상입니다.

영화의 제목인 〈이미테이션 게임〉은 '튜링 테스트'의 또 다른 이름입니다. 앨런 튜링은 1950년 〈Computing Machinery and Intelligence(계산기와 지능)〉라는 논문을 발표합니다. 이 논문은 앨런 튜링이 인공지능을 고안하고 예측한 논문이었는데 이때는 아직 인공지능이라는 단어가 생기지 않았던 시기입니다. 이런 점으로 보아 앨런 튜링이 얼마나 뛰어났는지 알 수 있고, 왜 앨런 튜링의 이름을 따서 튜링상이라고 부르는지 절로 고개가 끄덕여집니다.

튜링 테스트란 기계가 인간과 얼마나 유사하게 대화할 수 있는지를 알아보는 테스트입니다. 다음 그림과 같이 질의자가 1명 있고, 응답자 1명, 응답하는 컴퓨터 1대가 있습니다. 질의자는 어느 쪽이 사람이고, 컴퓨터인지는 알 수 없습니다. 키보드를 통한 대화를 진행하고, 질의자는 어느 쪽이 컴퓨터인지 판별합니다. 만약 판별하지 못한다면 컴퓨터는 튜링 테스트를 통과하고, 지능이 있다고 판단합니다.

인공지능 판별 기준, 튜링 테스트

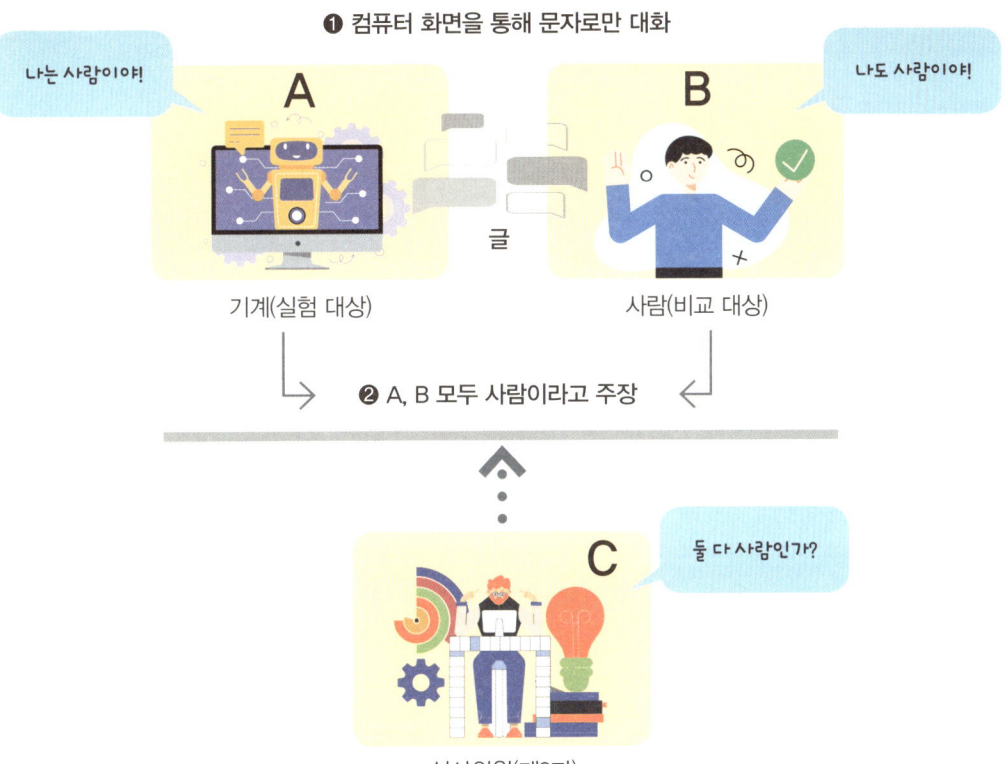

▲ 튜링 테스트 개요

▲ 웹사이트에서 사람이 접근하려고 하는 것인지 봇이 접근하는 것인지 판단하기 위하여 사용되는 튜링 테스트 CAPCHA

Lesson 2
컴퓨터의 핵심 부품

POINT 컴퓨터의 핵심 부품을 살펴보며 컴퓨터 시스템의 구조에 대해 알아봅시다.

1 컴퓨터의 종류

여러분은 컴퓨터를 생각하면 어떤 모습이 떠오르나요? 사무실에서 데스크톱으로 일을 하고 있는 모습, 카페에서 노트북으로 작업을 하는 모습 등이 떠오르나요? 컴퓨터의 종류는 데스크톱, 노트북 외에도 우리가 자주 사용하는 스마트폰, 태블릿PC, 일상생활에서는 보기 어려운 서버 컴퓨터, 개인용 컴퓨터와 비슷한 모습을 하고 있지만 그래픽 처리 또는 캐드(CAD)와 같이 전문적인 영역에서 사용하는 고성능의 워크스테이션, 라즈베리 파이(Raspberry Pi)와 같은 작은 컴퓨터까지 매우 다양합니다.

▲ 여러 가지 컴퓨터를 가지고 생활하는 모습

2 컴퓨터의 핵심 부품

다양한 종류의 컴퓨터가 있지만 각각의 컴퓨터를 구성하는 핵심 부품은 비슷합니다. 이 책에서는 데스크톱을 기준으로 알아보겠습니다. 컴퓨터를 구성하는 핵심 부품은 바로 CPU라고 부르는 중앙처리장치, 주 기억 장치, 보조 기억 장치, 입출력 장치입니다. 이 핵심 부품들을 도식화하면 다음과 같습니다.

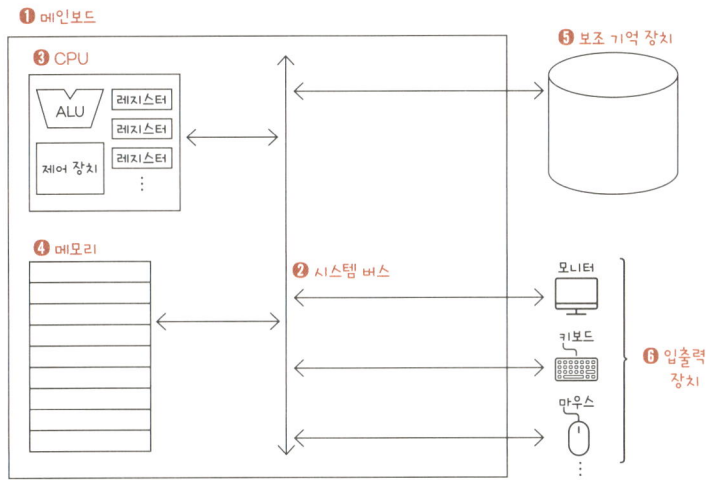

▲ 컴퓨터 시스템의 구조를 도식화한 모습

먼저 이 핵심 부품들에 대해 알아보기 전, 부품들이 제 기능을 할 수 있도록 돕는 메인보드가 있습니다. 메인보드는 '마더보드' 혹은 '시스템보드'라고도 불리며 컴퓨터의 모든 구성품이 메인보드에 연결됩니다. 우리 신체에서는 뇌가 다른 신체 기관에 신호를 보내면 신경계를 통해 신호가 전달됩니다. 메인보드는 바로 컴퓨터의 신경계라고 할 수 있습니다. 컴퓨터 구성품들은 메인보드를 통하여 하나로 묶이고, 서로 상호작용할 수 있습니다. 또한, 메인보드에는 CPU 소켓이 있어 CPU를, 메모리 슬롯이 있어 램을 메인보드에 장착합니다. 또 확장 카드 슬롯이 있어 그래픽 카드, 사운드 카드, 랜(LAN) 카드 등을 장착할 수 있습니다.

메인보드에는 신호를 주고받을 때 통로 역할을 하는 '버스'가 있습니다. 버스는 신경계에서 신경과 같은 역할을 합니다. 버스 중에서도 가장 중요한 버스는 시스템 버스입니다. 시스템 버스는 주소 정보를 주고받는 통로인 주소 버스, 제어 신호를 주고받는 통로인 제어 버스, 명령어와 데이터를 주고받는 통로인 데이터 버스가 있습니다. 메인보드와 시스템 버스에 대한 기본적인 이해를 바탕으로 컴퓨터의 핵심 부품 하나하나에 대해 알아보겠습니다.

1 CPU의 기능

중앙처리장치(CPU, Central Processing Unit)는 사람의 어떤 신체 부위와 같은 역할을 할까요? 바로 CPU는 사람의 두뇌와 같은 역할을 합니다. 사람의 두뇌가 많은 정보를 처리하고 손과 발 등으로 명령을 내리듯이 CPU는 컴퓨터에 입력된 정보를 처리하고, 실행할 수 있도록 신호를 보냅니다. 여러분이 컴퓨터를 이용하여 좋아하는 아이돌의 노래를 듣고 있다면 컴퓨터의 CPU가 스피커에게 노래를 출력하라고 신호를 보냈고, 스피커가 이 명령을 수행했기 때문입니다.

▲ CPU가 모니터, 스피커 등의 출력 기관으로 신호를 보내는 모습

2 CPU의 성능

CPU의 성능, 즉 정보를 처리하는 속도를 나타내기 위하여 '클럭(Clock)'이라는 용어를 사용합니다. 클럭은 마치 특정 템포를 정해 주면 템포에 맞게 똑딱거리며 일정한 박자를 알려 주는 메트로놈이라고 할 수 있습니다. 드럼 연주자가 메트로놈에 맞춰 연주하는 것처럼 CPU도 클럭 속도에 맞추어 정보를 처리합니다. 즉 클럭 속도가 높다면 CPU가 정보를 빠르게 처리하는 것이므로 CPU의 성능이 높다고 할 수 있습니다. 클럭 속도는 항상 일정한 것은 아닌데 상황에 따라 순간적으로 클럭 속도를 높이기도 합니다. 이를 '오버클럭킹(Overclocking)'이라고 합니다.

그렇다면 CPU의 클럭 속도를 계속 높이면 높은 성능의 CPU를 계속 사용할 수 있지 않을까요? 안타깝게도 그렇지 않습니다. 메트로놈의 템포를 계속 올려버리면 드럼 연주자가 그 템포에 맞추지 못해 연주를 망칠 수 있습니다. 마찬가지로 클럭 속도를 계속 높은 상태로 유지하면 발열 문제가 발생합니다. 따라서 CPU의 성능을 올리려면 클럭 속도를 높이는 것만으로는 부족합니다.

> **여기서 잠깐**
>
> CPU의 정보 처리 속도를 나타내는 단위는 **Hz(헤르츠)**입니다. Hz는 1초 동안 명령어 사이클(클럭)을 얼마나 실행할 수 있는지 그 수를 나타내는 단위입니다. 3.50GHz라면 CPU가 1초에 약 35억 개의 명령어 사이클을 실행할 수 있음을 나타냅니다.

머릿속에 식당의 모습을 떠올려 볼까요? 손님이 가득한 점심시간에 홀에는 식당 직원이 1명 있다고 가정하여 봅시다. 1명의 식당 직원은 주문도 받고, 음식도 나르고, 계산도 해야 합니다. 직원은 여러 가지 일들을 번갈아 가면서 처리합니다. 이때 더 중요하고 급한 일들을 먼저 처리하게 됩니다. CPU도 마찬가지입니다. CPU에게 처리할 여러 작업이 주어지면 우선순위가 높은 일부터 처리합니다.

다시 식당으로 돌아가 봅시다. 손님이 가득한 점심시간에 식당의 일을 더 빠르게 처리하는 방법은 무엇이 있을까요? 바로 직원을 1명 더 고용하는 것입니다. 직원이 늘어나면 당연히 일을 처리하는 속도가 빨라질 것입니다. CPU도 똑같습니다. 어떻게 하면 CPU가 작업을 더 빨리 처리할 수 있을까요? CPU 안에 있는 명령어를 실행하는 부품인 코어의 개수를 늘리는 것입니다. 코어가 개수가 늘어나면 CPU의 여러 코어들이 처리할 작업을 나누어 처리하므로 훨씬 빠르게 작업을 완료하게 됩니다. 이렇게 코어를 여러 개 포함하는 CPU를 '멀티코어(Multi-Core) CPU'라고 합니다. 그중에서 코어가 2개면 '듀얼코어(Dual-Core) CPU', 3개면 '트리플코어(Triple-Core) CPU', 4개면 '쿼드코어(Quad-Core) CPU'라고 부릅니다.

이렇게 코어의 수가 증가하면 CPU의 성능이 올라갑니다. 하지만 코어의 수를 늘리는 만큼 CPU의 성능도 비례하여 올라가지는 않습니다. 식당에 직원이 10명이어도 손님이 그만큼 많지 않다면 직원이 1~2명 있을 때와 일을 처리하는 속도에서는 큰 차이가 없는 것과 마찬가지입니다.

> **❗ 여기서 잠깐**
>
> 과거의 CPU의 의미와 오늘날의 CPU의 의미에는 약간의 차이가 있습니다. 기술의 개발로 코어의 개수를 늘리게 되면서 과거에는 'CPU ⇒ 1개의 코어'에서 오늘날에는 'CPU ⇒ 여러 개의 코어를 포함'으로 재정의되었습니다.

③ CPU 관련 기업과 무어의 법칙

다음 로고들을 본 적이 있나요? 둘의 공통점은 무엇일까요? 바로 CPU를 생산하는 대표적인 기업입니다. 로고에서 알 수 있듯이 두 기업의 이름은 인텔과 AMD입니다. 컴퓨터 기술이 발전하고, CPU에 대한 수요도 늘어나며 두 기업은 지금도 성장하고 있습니다.

▲ 인텔 로고   ▲ AMD 로고

　인텔의 공동 창립자 중 1명인 고든 무어(Gordon Moore)를 아시나요? 고든 무어는 1965년 '일렉트로닉스'라는 잡지에 반도체의 미래에 대한 자신의 견해를 밝힙니다. 이를 캘리포니아 공과대학의 교수 카버 미드(Carver Mead)가 '무어의 법칙'이라고 이름을 붙이게 됩니다. '무어의 법칙'의 내용은 '반도체 집적회로의 성능이 1년마다 2배로 증가한다'입니다. 이는 1965년 무어가 밝힌 의견이고, 10년 후인 1975년에는 성능이 2년마다 2배로 증가할 것이라고 수정하였습니다.

4 CPU의 구조

　CPU는 크게 세 가지로 구성되어 있습니다. CPU에서 이루어지는 계산을 담당하는 산술 논리 연산 장치(ALU, Arithmetic Logic Unit), CPU 내부의 임시 저장 장치인 레지스터(Register), 제어 신호를 내보내고 명령어를 해석하는 장치인 제어 장치(CU, Control Unit)로 구성됩니다.

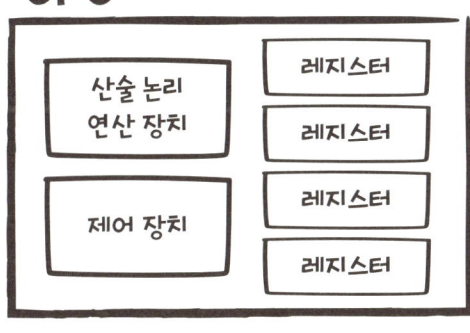
▲ CPU 도식화

▲ CPU

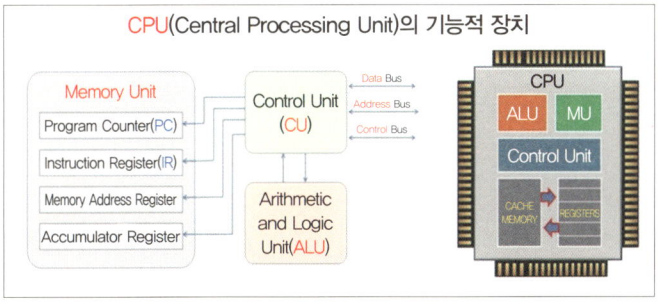
◀ CPU의 기능적 장치(출처: https://www.learncomputerscienceonline.com/arithmetic-logic-unit)

Lesson 3 중앙처리장치(CPU) **51**

5 산술 논리 연산 장치(ALU)

산술 논리 연산 장치(ALU, Arithmetic Logic Unit)는 계산을 담당하는 부품으로 CPU의 핵심이라고 할 수 있습니다. ALU를 간단히 도식화하면 다음 그림과 같습니다.

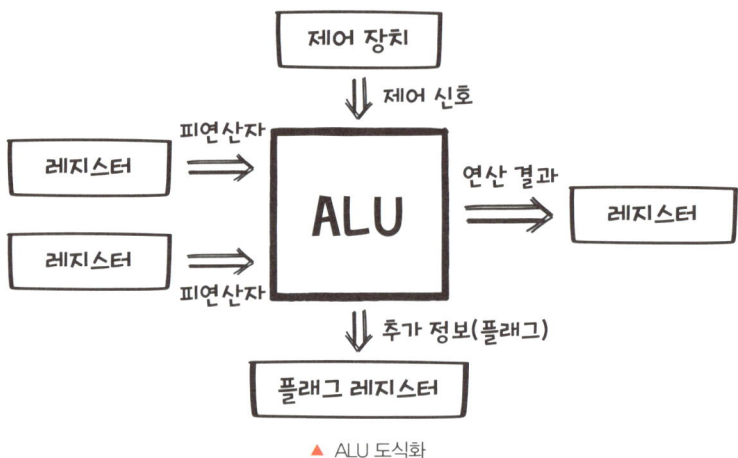

▲ ALU 도식화

'3 + 5'를 ALU에서 처리하는 과정을 살펴봅시다. 먼저 레지스터로부터 피연산자 '3'과 피연산자 '5'를 받아들입니다.

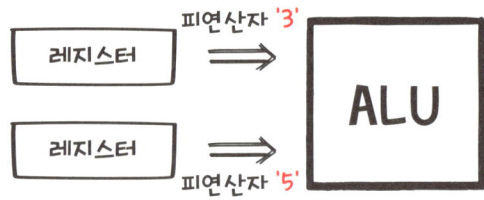

▲ '3 + 5'를 ALU에서 처리하는 과정 ❶

그리고 '더하라'는 명령, 즉 제어 신호를 제어 장치로부터 받아들입니다.

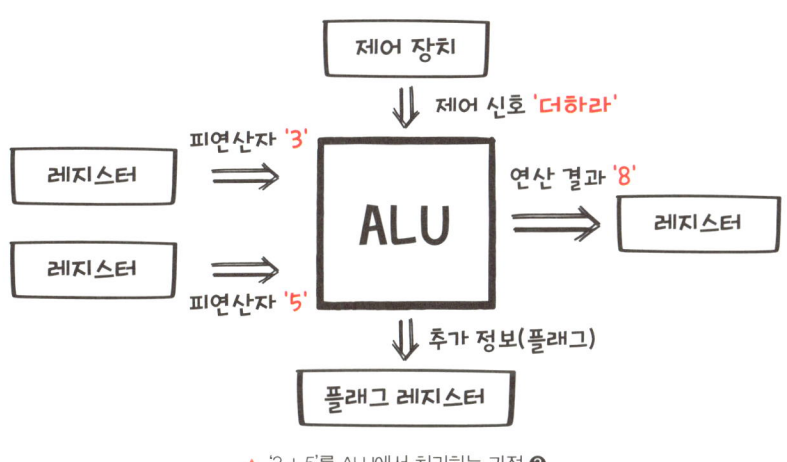

▲ '3 + 5'를 ALU에서 처리하는 과정 ❷

ALU는 이 정보를 바탕으로 '3+5'를 실행합니다. 실행한 결과인 '8'이라는 값을 다시 레지스터로 보내고, 결괏값에 대한 추가적인 정보(플래그)는 플래그 레지스터로 보냅니다.

▲ '3 + 5'를 ALU에서 처리하는 과정 ❸

플래그란 연산 결과에 대한 추가적인 정보를 의미합니다. 예를 들어 연산 결과가 양수인지, 음수인지를 나타내는 부호 플래그, 연산 결과가 0인지 아닌지를 나타내는 제로 플래그 등이 있습니다.

6 제어 장치(CU)

제어 장치(CU, Control Unit)는 실행 장치(Execution Unit)라고도 부릅니다. ALU가 계산이라는 중요한 역할을 수행하지만 제어 장치가 없다면 자신이 무슨 일을 처리해야 하는지 알지 못합니다. 그렇다면 제어 장치는 어떤 역할을 하는 것일까요? 먼저 관현악단의 지휘자와 연주자들이 함께 합주하는 장면을 떠올려 볼까요? 바이올린 연주자들이 연주를 시작해야 할 때가 되면 지휘자는 바이올린 연주자들을 바라보며 시작 신호를 보냅니다. 이를 확인한 바이올린 연주자들은 그 신호에 맞추어 연주를 시작합니다. 제어 장치는 마치 관현악단의 지휘자와 같은 역할을 합니다. 지휘자가 지휘 신호를 보내는 것처럼 컴퓨터 부품들을 작동시키기 위해 부품들에게 제어 신호를 보냅니다. 제어 신호를 받은 컴퓨터 부품들은 신호에 맞게 명령을 수행합니다. 또 연주되는 음악을 들으며 다음 순서로 어떤 연주 신호를 보낼지 판단하는 것처럼 제어 장치는 명령어를 받아들여 이를 해석하고, 그에 맞게 다시 제어 신호를 컴퓨터 부품들에게 내보냅니다.

▲ 관현악단 지휘자가 바이올린 연주자들에게 연주 신호를 보내는 그림

▲ 제어 장치가 명령하는 모습

> **여기서 잠깐**
>
> 제어 장치는 CPU 내부와 외부, 모두에게 제어 신호를 내보낼 수 있습니다. CPU 내부에서는 ALU에게는 무엇을 계산할지, 레지스터에게는 데이터를 이동시키거나 명령어를 해석하기 위한 제어 신호를 보냅니다. 또한 CPU 외부에서는 메모리와 입출력 장치에게 신호를 보냅니다.

7 레지스터

레지스터(Register)란 CPU 내에서 명령어와 데이터를 저장하는 장치입니다. 레지스터가 없다면 CPU는 계산 작업을 하기 위해서 데이터를 주 메모리에서 가져와야 합니다. 여러분이 사무실에서 일을 처리하고 있다고 생각해 봅시다. 일 처리를 위해 필요한 서류가 책상 위에 있는 경우와 옆의 사무실 책장에 꽂혀 있는 경우 중 어떤 경우에 더 빠른 일 처리가 가능할까요? 당연히 책상 위에 필요한 서류들이 있는 경우입니다. 레지스터는 서류가 책상 위에, 주 메모리는 서류가 옆 사무실 책장에 있는 경우와 비슷합니다. 레지스터가 CPU 내에 있다는 것은 계산 작업을 담당하는 ALU와 거리가 가깝다는 의미이기 때문입니다. 레지스터가 CPU 내에 있으면서 필요한 명령어와 데이터를 먼저 메모리에서 가져와 처리하고, 저장합니다. 그리고 ALU가 계산 작업을 처리할 때, 빠르게 저장한 명령어와 데이터를 제공합니다. 바로 레지스터 덕분에 빠른 계산이 가능한 것입니다.

레지스터는 CPU에 따라 종류가 다양합니다. 많은 레지스터 중 대표적인 레지스터 몇 가지를 소개하면 다음 표와 같습니다.

종류	역할
프로그램 카운터 (PC: Program Counter)	다음에 실행할 명령어가 메모리의 어디에 있는지, 즉 명령어의 주소를 저장합니다.
명령어 레지스터 (IR: Instruction Register)	명령어를 저장합니다.
메모리 주소 레지스터 (MAR: Memory Address Register)	CPU가 메모리로부터 값을 읽어오거나 메모리에 쓸 때, 메모리의 주소를 저장합니다.
메모리 버퍼 레지스터 (MBR: Memory Buffer Register)	메모리와 주고받을 데이터를 저장합니다.

▲ 레지스터의 종류와 역할

잠시 앞에서 알아본 시스템 버스와 제어 장치를 떠올려 봅시다. 레지스터에 저장된 값을 주고 받을 때는 앞에서 알아본 제어 장치가 제어 신호를 보냅니다. 이때 레지스터에 저장된 값이 어떤 값인지에 따라 서로 다른 시스템 버스(주소 버스, 데이터 버스, 제어 버스)를 이용합니다. 예를 들어 명령어 레지스터에 저장된 메모리의 주소를 보내려면 제어 장치가 제어 신호를 주소 버스를 통하여 보냅니다. 메모리의 데이터를 보내려면 제어 장치가 제어 신호를 데이터 버스를 통하여 보냅니다.

8 GPU

▲ 엔비디아 로고

▲ GPU

GPU(Graphics Processing Unit)는 그래픽 처리 장치라고 합니다. 초기에는 게임, 멀티미디어 분야에서 그래픽을 처리하는 데 사용되었습니다. GPU와 CPU를 비교하면서 살펴보면 GPU에 대해 쉽게 알 수 있습니다.

CPU와 GPU는 처리하기에 적합한 작업의 종류가 서로 다릅니다. CPU는 앞에서 보았던 것처럼 명령이 입력되면 순서에 따라 처리하는 직렬 처리 방식에 특화되어 있으므로 상대적으로 더 복잡한 연산을 처리하는 데 유리합니다. GPU는 CPU와 다르게 여러 명령을 동시에 처리하는 병렬 처리 방식에 특화되어 있습니다.

그래픽 처리를 예로 들어볼까요? 화면 속 그림을 나타낼 때, 수많은 점(픽셀)을 찍어야 합니다. 점을 찍는 작업이 어렵고 복잡한 작업인가요? 아닙니다. 다만 혼자 한다면 시간이 오래 걸릴 뿐입니다. GPU는 점 찍는 작업을 혼자가 아닌 여러 사람이 하게 만들어서 시간을 단축한다는 점에서 CPU와 차이가 있습니다.

CPU와는 다르게 GPU는 수천 개의 연산 처리 장치를 포함하고 있기 때문입니다. 물론 GPU의 연산 처리 장치는 CPU의 코어보다 연산 처리 능력은 떨어집니다. 대신 개수가 많기 때문에 단순한 작업을 동시에 처리하여 처리 속도를 높일 수 있는 것입니다. 최근 인공지능, 블록체인 등의 발달로 GPU는 점점 더 많이 사용되고 있습니다.

Lesson 4
주 기억 장치

POINT 주 기억 장치에는 크게 롬(ROM)과 램(RAM)이 있습니다. 이 두 가지 주 기억 장치에 대해 알아보겠습니다.

1 기억 장치

컴퓨터에서 기억 장치란 정보를 처리하기 위해 정보를 보관하는 장치를 의미합니다. 기억 장치는 크게 주 기억 장치와 보조 기억 장치로 나눌 수 있습니다. 주 기억 장치란 컴퓨터가 작동하는 동안 처리해야 하는 명령 또는 프로그램들이 저장되는 곳입니다. 주 기억 장치는 크게 롬(ROM, Read Only Memory)과 램(RAM, Random Access Memory)이 있습니다. 롬은 이름에서 알 수 있듯이 저장된 정보를 읽기만 가능하고, 램은 읽고 쓰는 것이 모두 가능합니다.

보조 기억 장치란 지속적으로 보관할 자료를 저장하는 장치입니다. 당장 사용하는 데이터가 아니므로 주 기억 장치와 비교하면 속도가 느립니다. 하지만 저장 용량은 주 기억 장치보다 크다는 장점이 있습니다.

> **여기서 잠깐**
>
> 기억 장치라는 의미로 **메모리**라는 용어가 사용됩니다. 이 용어는 맥락에 따라 지칭하는 대상의 범위가 다를 수 있습니다. 컴퓨터에서 메모리는 대부분 주 기억 장치의 한 종류인 **램(RAM)**을 의미합니다.

▲ 바이오스(BIOS, BASIC INPUT/OUTPUT SYSTEM) 롬(ROM)

▲ 램(RAM)

2. 읽기만 가능한 메모리, '롬(ROM)'

롬(ROM)은 저장된 정보를 읽을 수만 있는 기억 장치입니다. 하지만 정확히는 한 번은 쓸 수 있는, 그 이후에는 읽을 수만 있습니다. 처음 한 번은 정보를 입력해 두어야 나중에 읽을 정보가 있기 때문입니다. 롬은 전원이 끊겨도 저장된 데이터들이 사라지지 않는 비휘발성 메모리입니다. 이러한 이유로 업데이트가 필요 없는 전자레인지, 냉장고 등과 같은 가전제품에 롬을 사용하면 사용할 때마다 코딩하지 않아도 되니 유용합니다. 또한 컴퓨터에서는 운영체제를 부팅하기 위해 필요한 정보를 롬에 저장하면 매우 효율적으로 사용할 수 있습니다. 여러 종류의 롬이 있는데 종류와 특징은 다음과 같습니다.

종류	특징
마스크 롬(Mask ROM)	제조사가 롬을 만들 때, 정보를 미리 저장한다.
피롬(PROM)	사용자가 내용을 한 번 기록할 수 있다.
이피롬(EPROM: Erasable PROM)	저장된 데이터를 지우고, 다시 저장할 수 있다.

▲ 롬의 종류와 특징

▲ 롬(ROM) 메모리

3. 읽기와 쓰기가 모두 가능한 메모리, '램(RAM)'

램(RAM)은 롬과 다르게 정보를 읽고, 쓸 수 있는 기억 장치입니다. 램은 전원이 끊기면 저장된 정보도 지워지는 휘발성 기억 장치입니다. 램은 CPU와 하드디스크(보조 기억 장치) 중간에 존재하는 기억 장치로 CPU가 데이터를 빠르게 처리할 수 있도록 돕는 역할을 합니다. 앞에서 CPU 내부의 레지스터가 했던 역할과 동일합니다. 옆 사무실의 책장에 있는

▲ 램(RAM) 메모리

서류를 가지러 가는 것이 CPU가 램에서 정보를 가져오는 것이라면 CPU가 하드디스크에서 정보를 가져오는 것은 옆 사무실을 넘어 다른 층에 가서 서류를 가져오는 것과 같습니다. 당연히 다른 층보다는 옆 사무실에서 서류를 가져오는 것이 훨씬 빠르겠죠?

따라서 롬에 저장된 정보를 이용하여 운영체제 부팅이 끝나면 컴퓨터에서 실행되는 프로그램들은 램 위에 올려져 실행되게 됩니다. 실행할 프로그램이 하드디스크에 저장되어 있다면 실행할 프로그램을 하드디스크에서 램으로 가져온 후 실행하게 됩니다.

램의 용량이 크다는 것은 어떤 장점이 있을까요? 램의 용량은 사무실 책장의 크기라고 생각할 수 있습니다. 사무실 책장의 크기가 크다면 다른 층 사무실에서 한 번에 많은 서류를 가져와서 꽂아 놓을 수 있습니다. 많은 서류를 꽂아 놓으면 필요할 때마다 다른 층의 사무실에 가지 않고 책장까지만 가면 되기 때문에 일을 빨리 처리할 수 있습니다. 반대로 램의 용량이 작다면, 즉 책장의 크기가 작다면 어떻게 될까요? 한 번에 가져올 수 있는 서류가 적으므로 필요할 때마다 다른 층의 사무실에 다녀와야 합니다. 즉 램의 용량, 즉 성능은 컴퓨터 성능에 큰 영향을 미칩니다.

램도 여러 종류가 있습니다. 대표적으로 디램(DRAM, Dynamic Random Access Memory)과 에스램(SRAM, Static Random Access Memory)을 비교하면 다음 표와 같습니다.

	디램(DRAM)	에스램(SRAM)
특징	시간이 지나면 저장된 데이터가 지워진다.	시간이 지나도 저장된 데이터가 지워지지 않는다.
속도	느리다.	빠르다.
가격	저렴하다.	비싸다.
집적도 (단위 면적당 비트 개수)	높다.	낮다.
메모리 갱신	필요하다.	필요하지 않다.

▲ 디램과 에스램(디램과 에스램 모두 휘발성으로 전원 공급이 중단되면 저장하고 있던 정보들이 모두 지워집니다.)

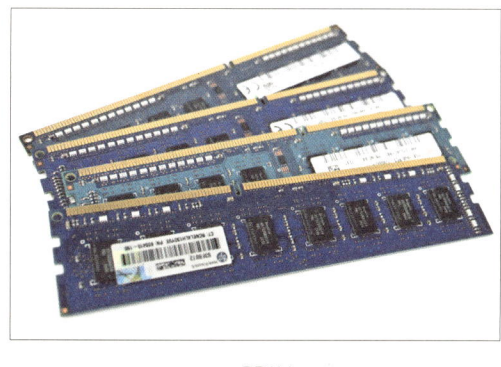

▲ DRAM

▲ SRAM

4 저장 장치 계층 구조

앞에서 알아본 램은 CPU가 하드디스크에 접근하는 시간이 오래 걸려 이를 극복하는 역할을 한다고 했습니다. 하지만 CPU가 램에 접근하는 시간도 오래 걸려 이를 극복하기 위해 '캐시 메모리'라는 저장 장치가 등장하였습니다.

지금까지 알아본 저장 장치들을 도식화하면 다음과 같습니다. CPU에 가까울수록 피라미드 위쪽에 놓입니다. 위로 올라갈수록 속도는 빠르고, 처리할 수 있는 용량은 작습니다. 여기서 한 가지 의문이 들지 않나요? 속도가 빠른 레지스터만 많이 사용하면 될텐데 말입니다. 바로 가격의 문제가 있습니다. 위로 올라갈수록 성능은 좋지만 가격이 비쌉니다. 따라서 적절한 금액으로 컴퓨터가 최적의 성능을 발휘하게 하려면 여러 저장 장치를 균형 있게 사용해야 합니다.

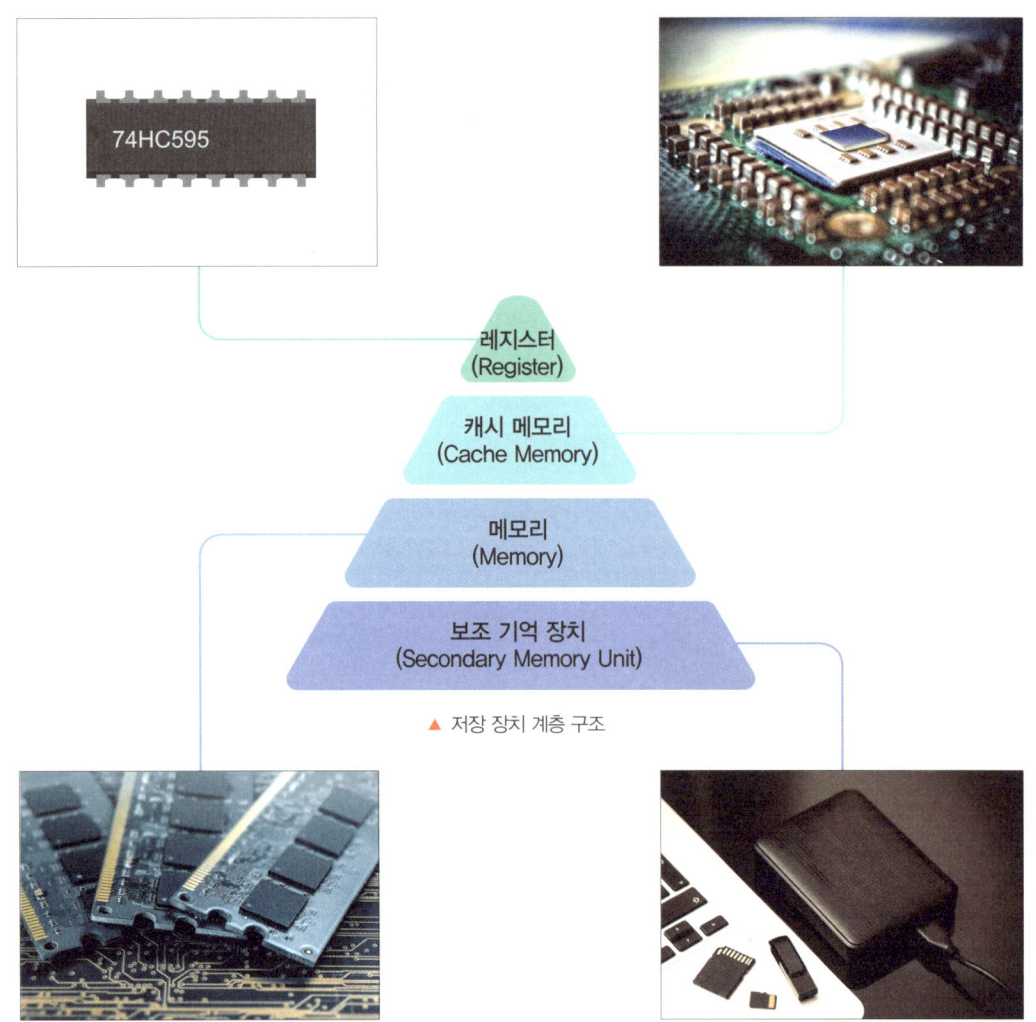

▲ 저장 장치 계층 구조

Lesson 5
보조 기억 장치

POINT 보조 기억 장치에 대해 알아봅시다.

1 보조 기억 장치

앞에서 기억 장치 중 주 기억 장치에 대해 알아보았습니다. 빠르지만 용량이 작거나 휘발성이라는 주 기억 장치의 단점을 보조 기억 장치가 보완합니다. 주 기억 장치와 비교했을 때, 속도는 느리지만 용량이 커서 많은 양의 데이터를 영구적으로 저장할 수 있습니다.

혹시 여러분도 문서 작업을 하다가 갑작스럽게 컴퓨터 전원이 끊긴 경험이 있나요? 초조하게 다시 컴퓨터를 켰는데 힘들게 작업했던 문서가 날아가 버렸을 때의 절망감은 말로 표현하기 어렵습니다. 작업 중에 데이터가 램에만 저장이 되는데 따로 저장하지 않는다면 컴퓨터 전원이 끊기는 순간 램에 저장된 데이터는 사라지기 때문에 이런 일이 발생합니다. 이러한 상황을 방지하기 위해 작업 중에도 저장을 해두어야 하는데 이때 문서가 저장되는 곳이 바로 보조 기억 장치입니다.

2 하드디스크(HDD: Hard Disk Drive)

대표적인 보조 기억 장치는 바로 하드디스크입니다. 하드디스크의 외형을 살펴보면 마치 과거에 사용하던 레코드판과 유사합니다. '플래터(Platter)'라고 하는 둥그런 원판들이 겹쳐 있고, 플래터는 제자리에서 빠르게 회전합니다. 플래터에는 데이터가 저장됩니다. 그렇다면 플래터에 저장된 데이터는 어떻게 읽을 수 있을까요? 회전하는 플래터 위에 뾰족한 침 모양의 디스크 헤드가 올라갑니다. 헤드는 디스크 암에 연결되어 있는데 디스크 암이 움직이면서 헤드를 이동시킵니다. 이동한 헤드는 회전하는 플래터에서 데이터를 찾아 읽거나 데이터를 쓸 수 있습니다.

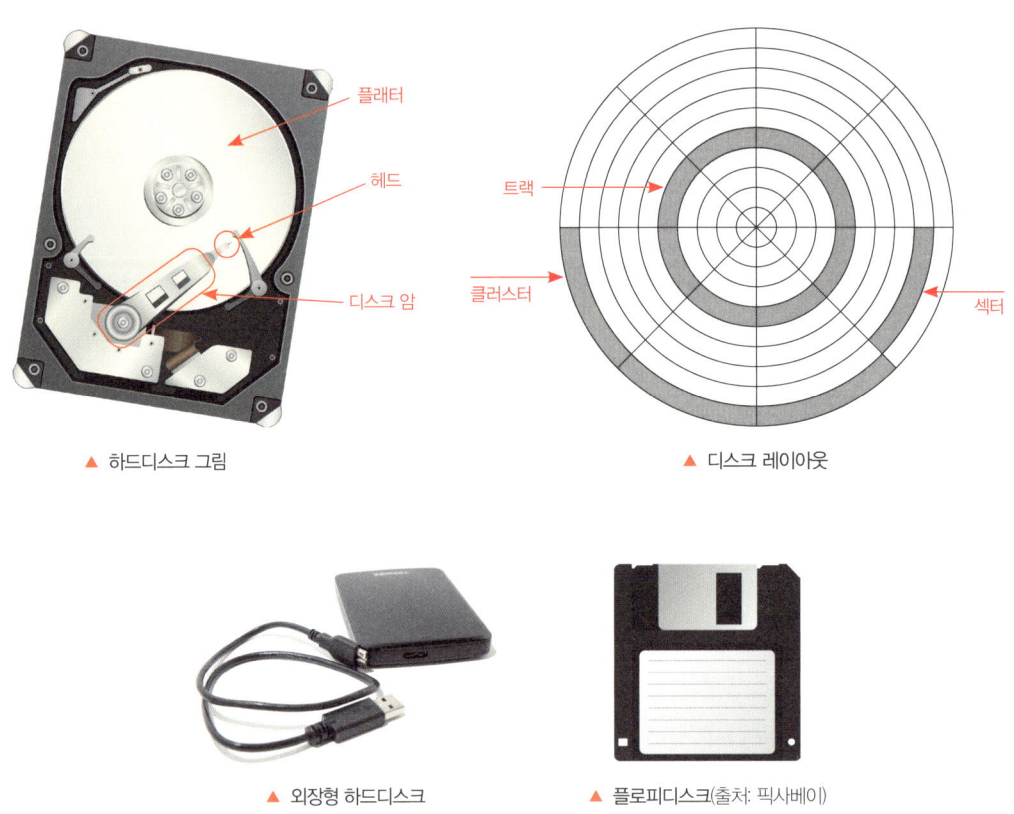

▲ 하드디스크 그림   ▲ 디스크 레이아웃

▲ 외장형 하드디스크   ▲ 플로피디스크(출처: 픽사베이)

> **여기서 잠깐**
>
> 하드디스크가 있다면 반대로 소프트디스크도 있을까요? 요즘에는 찾아볼 수 없지만 과거에는 사용했던 '플로피디스크'가 바로 소프트디스크라고 할 수 있습니다. 플로피디스크의 원판은 얇은 플라스틱으로 만들어져서 쉽게 휘어지기 때문입니다. 한글 문서 편집 프로그램의 저장 아이콘이 바로 플로피디스크의 모양입니다.

3 플래시 메모리(Flash Memory)

플래시 메모리는 전기적으로 데이터를 읽고, 기록할 수 있는 반도체 기반의 비휘발성 저장장치입니다. 플래시 메모리에는 비트 정보를 저장하는 가장 작은 단위로 셀이 있습니다. 하나의 셀에 몇 비트를 저장할 수 있는지에 따라 아래와 같이 플래시 메모리를 분류할 수도 있습니다 (한 셀에 저장할 수 있는 비트 수가 3비트를 넘을 수도 있지만 본 책에서는 3비트까지만 비교하여 보겠습니다).

	SLC (Single Level Cell)	MLC (Multi Level Cell)	TLC (Triple Level Cell)
한 셀당 저장할 수 있는 비트	1비트	2비트	3비트
읽고 쓰는 속도	빠르다.	보통	느리다.
가격	비싸다.	보통	싸다.

▲ 셀당 저장할 수 있는 비트 수에 따른 플래시 메모리 분류

셀들이 모이면 '페이지'라고 하는데 플래시 메모리에서 읽고 쓰는 것은 페이지 단위로 이루어집니다. 페이지들이 모이면 '블록'이라고 하는데 삭제는 블록 단위로 이루어집니다.

플래시 메모리를 기반으로 하는 보조 기억 장치로는 우리가 흔히 사용하는 USB 메모리(USB 플래시 드라이브), SD(Secure Digital) 카드, SSD(Solid State Drive) 등이 있습니다. SSD는 용도, 외관, 설치 방법은 HDD와 유사한데 자기 디스크가 아닌 반도체를 이용하므로 물리적으로 원판을 회전시킬 필요가 없습니다. 따라서 데이터를 읽고 쓰는 속도가 HDD에 비해 빠릅니다. 또한 물리적으로 움직이는 부품이 없으므로 소음도 적고, 소모되는 전력도 적다는 장점이 있습니다. 하지만 역시 장점이 있다면 단점이 있겠죠? SSD의 단점은 치명적으로 가격이 비싸다는 점입니다. 그래서 요즘에는 SSD와 HDD를 조합하여 사용하기도 합니다. 운영체제 등은 SSD를 사용하고, 여러 파일을 저장할 때는 HDD를 이용하는 것입니다.

▲ USB 메모리(USB 플래시 드라이브)   ▲ SD(Secure Digital)   ▲ SSD(Solid State Drive)

> **여기서 잠깐**
>
> 플래시 메모리는 낸드(NAND) 게이트 또는 노어(NOR) 게이트 중 어느 회로를 기반으로 만들어졌는지에 따라 낸드 플래시 메모리와 노어 플래시 메모리로 분류할 수 있습니다. 우리가 보통 사용하는 대용량 저장 장치에 사용되는 플래시 메모리는 대부분 낸드 플래시 메모리입니다.

Lesson 6
입출력 장치

POINT 입출력 장치에 대해 알아봅시다.

1 다양한 입출력 장치

입출력 장치란 말 그대로 컴퓨터 외부에 연결되어 데이터를 입력하거나 출력하는 장치입니다. 개인 컴퓨터에서 대부분 사용하는 마우스, 키보드, 모니터, 스피커, 마이크, 프린터 등이 모두 입출력 장치입니다. 이렇게 많은 종류의 입출력 장치가 있기 때문에 컴퓨터 내부와 입출력 장치가 서로 정보를 주고받는 방식도 다양합니다. 또한 CPU, 메모리와 비교하여 입출력 장치는 데이터를 주고받는 속도도 느립니다. 이런 이유로 '장치 컨트롤러'라는 하드웨어가 사용됩니다.

장치 컨트롤러는 컴퓨터 내부와 입출력 장치 사이에서 중간다리 역할을 합니다. 먼저 서로 다르게 사용하는 언어를 중간에서 통역해 주는 역할을 합니다. 그리고 한쪽이 너무 빠르게 말을 하면 다른 한쪽에게 천천히 알아들을 수 있도록 전달하고, 너무 느리게 말을 하면 다른 한쪽에게 이야기를 모았다가 한번에 전달합니다.

장치 컨트롤러를 제어하는 프로그램도 있습니다. 여러분이 새로운 입출력 장치를 사용하려고 컴퓨터에 연결하였을 때, 무언가 설치되던 경험이 있나요? 바로 장치 드라이버입니다. 장치 컨트롤러는 하드웨어적으로 컴퓨터 내부와 입출력 장치를 연결했다면 장치 드라이버는 소프트웨어적인 역할을 합니다.

▲ 컨트롤러, 포트 및 와이어가 있는 메인보드의 칩

NOTE

Chapter 3

데이터

Lesson 1 디지털 세상
Lesson 2 데이터 과학
Lesson 3 자료 구조
Lesson 4 데이터베이스

Lesson 1
디지털 데이터

POINT 우리는 데이터의 홍수 속에서 살고 있습니다. 데이터의 개념과 유형, 중요성에 대해 알아보겠습니다.

1 데이터의 개념

데이터(Data)란 일반적으로 현실 세계를 관찰하거나 측정 또는 실험 등을 통하여 수집한 사실이나 값으로 특별한 의미가 부여되지 않은 객관적 사실을 말합니다. 디지털의 관점, 즉 컴퓨터공학에서는 컴퓨터가 읽고 다룰 수 있는 자료(문자, 그림, 숫자, 소리 등)를 의미합니다.

사람들은 데이터를 디지털 세상이 펼쳐지기 훨씬 이전부터 수집하고 유용하게 사용하였습니다. 로마 시대에는 인구 조사를 실시하여 인구 데이터를 수집하고 이를 세금 징수에 활용하였습니다. 조선 시대에는 측우기를 만들어 강수량 데이터를 수집하여 농사짓는 데 활용하였습니다. 1854년 영국의 소호 지역에서 콜레라가 창궐하였습니다. 이때 존 스노우라는 의사가 소호 지역의 주택을 돌아다니며 콜레라가 발생한 주택 데이터를 수집하였습니다. 이를 소호 지역을 그린 지도 위에 표시하여 콜레라 발생의 원인이 워터 펌프, 즉 물을 통한 감염이었음을 발견하였습니다.

▲ 측우기로 강수량 데이터를 수집

▲ 로마 시대 인구 조사하는 모습을 보여주는 'Census Frieze'(출처: 위키백과)

▲ 인구를 조사하는 모습

2 정보, 지식, 지혜

데이터와 관련된 개념으로는 정보, 지식, 지혜가 있습니다. 정보(Information)란 데이터를 가공·처리, 데이터 사이의 관계를 분석하여 도출한 유의미한 결과를 의미합니다. 지식(Knowledge)이란 정보를 일반화하고, 체계화하여 만든 결과로 지식은 즉시 적용 및 활용이 가능합니다. 마지막으로 지혜(Wisdom)란 지식을 바탕으로 생성한 창의적인 아이디어를 의미합니다.

▲ DIKW 피라미드

'백의의 천사'로 알려진 플로렌스 나이팅게일은 1853년부터 1856년까지 지속된 크림 전쟁에 간호사로 참전합니다. 나이팅게일은 군 병원에서 병사들을 간호하면서 병사들의 입원, 부상, 질병, 사망과 관련된 데이터를 기록하였습니다.

▲ 나이팅게일이 기록하는 모습

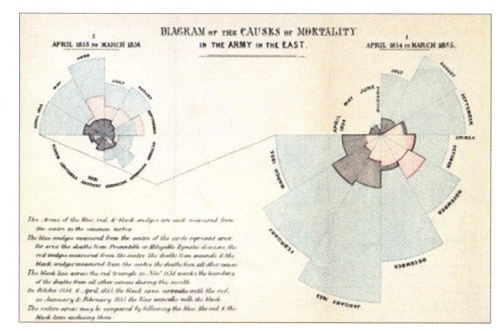

▲ 로즈-다이어그램

나이팅게일은 사망한 영국군 2만 1,097명의 사망 원인 데이터를 분석하였습니다. 그리고 전투 중 사망한 병사의 수는 2,755명, 전투에서 입은 부상이 악화되어 사망한 병사의 수는

2,019명, 전투와 상관없는 질병으로 사망한 병사의 수는 1만 6,323명이라는 정보로 전쟁 중에 병사들이 사망하는 가장 큰 원인이 전투와 상관없는 질병이라는 정보를 사망 원인 데이터로부터 도출하였습니다.

이러한 정보를 바탕으로 나이팅게일은 환자들의 건강에 병원의 위생 상태가 중요한 역할을 한다는 지식을 도출합니다. 그리고 자신이 발견한 내용들을 영국 의회에 알려 국가적인 지원으로 병원의 위생 상태를 개선해야 한다는 지혜를 얻고 이를 실천합니다. 또한 수많은 데이터와 800쪽이 넘는 보고서에 사람들이 쉽게 이해할 수 있도록 데이터를 시각화한 그래프를 제시하였습니다.

실제로 나이팅게일의 이러한 노력으로 크림 전쟁에서 영국군 사망률이 42%에서 2%로 낮아졌습니다. 이처럼 데이터는 정보, 지식, 지혜의 단계로 발전하면서 우리들의 삶에 많은 영향을 미치기도 합니다.

> **여기서 잠깐**
>
> 나이팅게일이 시각화한 그래프는 **로즈-다이어그램**이라고 부릅니다. 월별로 사망한 병사들의 수를 나타내었습니다. 색깔로 사망 원인을 구분하였고, 사망자의 수는 면적으로 나타내었습니다.

3 데이터의 유형

데이터는 크게 정형 데이터(Structured Data)와 비정형 데이터(Unstructured Data)로 나눌 수 있습니다.

정형 데이터는 정해진 형식 또는 구조에 맞게 저장할 수 있는 데이터를 의미합니다. 여기서 정해진 형식 또는 구조란 보통 스프레드시트와 같은 테이블 형식, 즉 행과 열로 나타낼 수 있는지를 말합니다. 데이터의 구조가 정형화되어 있으므로 데이터를 검색하거나 저장, 수정 등의 작업이 편리하다는 장점이 있습니다.

비정형 데이터는 정형 데이터와 반대로 정해진 형식 또는 구조가 없이 원본 그대로 저장 및 출력되는 데이터입니다. 텍스트 문서, 이미지, 오디오, 비디오 파일, 소셜 미디어 게시물 등의 형태로 나타납니다. 비정형 데이터를 분석하는 것은 정형 데이터를 분석하는 것보다 어려운 일입니다. 따라서 자연어 처리(NLP), 텍스트 마이닝, 이미지 인식, 음성 인식 기술 등을 활용하여 인사이트와 패턴을 추출합니다.

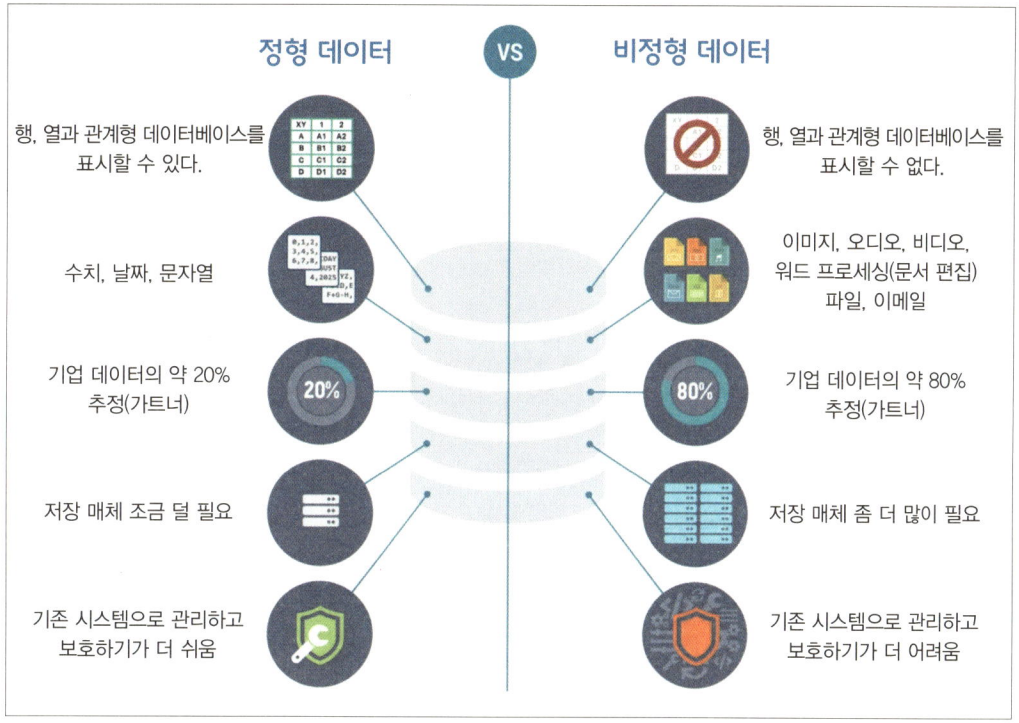

▲ 정형 데이터와 비정형 데이터(출처: https://www.igneous.io/blog/structured-data-vs-unstructured-data)

정형 데이터와 비정형 데이터의 중간 형태로 변경할 수 있는 형식과 구조의 데이터인 반정형 데이터(Semi-Structured Data)가 있습니다. 반정형 데이터에는 XML, HTML, JSON 등이 있습니다.

▲ 빅데이터의 데이터 타입

4 빅데이터

　스마트폰, 태블릿 등의 모바일 장치가 널리 퍼지고, SNS의 발달, 사물인터넷의 발달, CPU 처리 속도 향상, 클라우드 컴퓨팅 기술의 발달 등으로 지금도 엄청난 양의 데이터들이 계속해서 생성되고 있습니다.

　빅데이터란 이름 그대로 기존의 데이터 처리 기술로는 쉽게 처리 또는 분석할 수 없는 매우 크고 복잡한 데이터의 집합을 의미합니다. 또한 대용량의 데이터만을 의미하는 것이 아닌 이를 활용하고 분석하여 가치 있는 정보를 추출하는 기술을 포함합니다.

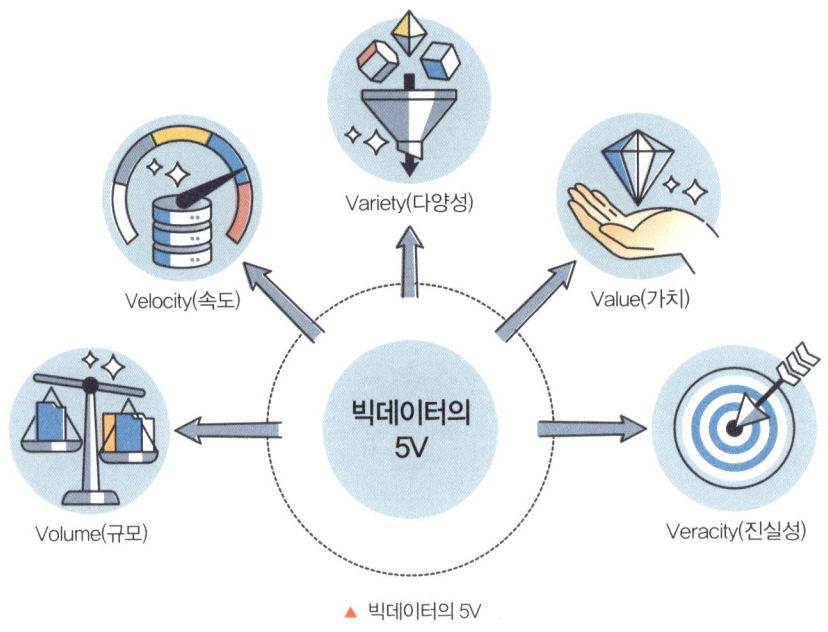

▲ 빅데이터의 5V

> **여기서 잠깐**
>
> 빅데이터의 속성을 3V(Volume, Velocity, Variety)로 표현합니다. 여기에 Value, Veracity를 더해 5V로 나타내기도 합니다.

　빅데이터를 전통적인 데이터와 비교하면 다음 표와 같은 특징을 확인할 수 있습니다.

■ 전통적 데이타와 빅데이터 비교

구분	전통적 데이터	빅데이터
데이터 원천	• 전통적 정보 서비스	• 일상화된 정보 서비스
목적	• 업무와 효율성	• 사회적 소통, 자기 표현, 사회 기반 서비스
생성 주체	• 정부 및 기업 등 조직	• 개인 및 시스템
데이터 유형	• 정형 데이터 • 조직 내부 데이터(고객 정보, 거래 정보 등) • 주로 비공개 데이터	• 비정형 데이터(비디오 스트림, 이미지, 오디오, 소셜 네트워크 등 사용자 데이터, 센서 데이터, 응용 프로그램 데이터 등) • 조직 외부 데이터 • 일부 공개 데이터
데이터 특징	• 데이터 증가량 관리 기능 • 신뢰성 높은 핵심 데이터	• 기하급수적으로 양적 증가 • 쓰레기(Garbage) 데이터 비중 높음 • 문맥 정보 등 다양한 데이터
데이터 보유	• 정부, 기업 등 대부분 조직	• 인터넷 서비스 기업(구글, 아마존 등) • 포털(네이버 등) • 이동통신 회사 • 디바이스 생산 회사(애플, 삼성전자 등)

전통적 데이터

VS.

빅데이터

Lesson 2
데이터 과학

POINT 데이터 과학으로 인해 우리의 생활은 계속 변하고 있습니다. 데이터 과학의 개념과 절차에 대해 알아봅시다.

1 데이터 과학의 개념

데이터 과학(Data Science)이란 데이터로부터 의미 있는 지식과 통찰을 찾는 분야입니다. 데이터 과학은 하나의 분야가 아닌 여러 분야에 걸쳐 있고, 통계학, 데이터 분석, 기계학습(머신러닝)과 같은 다양한 기술과 도구를 포함합니다. 이러한 데이터 과학을 연구하는 사람을 데이터 과학자(Data Scientist)라고 합니다.

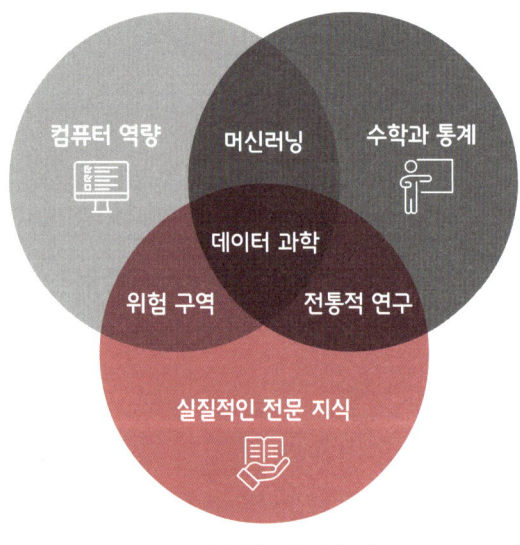

▲ 데이터 과학 벤다이어그램

> ❗ 여기서 잠깐
>
> 드류 콘웨이(Drew Conway)는 여러 분야를 넘나들고, 종합적인 데이터 과학의 특성을 설명하기 위해 **데이터 과학 벤다이어그램**을 제시하였습니다. 컴퓨터 역량, 수학 및 통계, 실질적인 전문 지식의 교차점은 모든 역량을 갖춘 이상적인 상황을 나타냅니다.

데이터 과학의 절차

데이터 과학의 절차는 다음과 같이 나타낼 수 있습니다.

가장 먼저 데이터 과학을 활용하여 해결해야 할 문제를 명확하게 정의합니다. 다음으로 정의한 문제를 해결하기 위해 사용할 데이터를 수집합니다. 데이터를 수집할 때는 어떤 데이터를 수집할 것인지, 어떻게 수집할 것인지 등을 고려해야 합니다. 데이터를 수집했다면 데이터 분석을 위한 준비 과정, 즉 데이터 전처리 과정을 거칩니다. 데이터 준비 과정에서는 누락 데이터, 관련 없는 데이터 등을 수정하거나 데이터를 결합, 데이터 축소, 데이터 변환을 포함합니다. 다음으로 데이터를 분석합니다. 통계적인 분석 등을 통하여 데이터에서 패턴, 관계, 추세 등을 찾아냅니다. 분석할 데이터를 시각화하여 데이터를 분석한 결과를 다른 사람들이 쉽게 이해할 수 있도록 합니다. 마지막으로 문제 해결에 적합한 인공지능 또는 통계 모델을 선택하고 데이터를 학습시켜 모델을 개발합니다. 모델의 평가 결과가 만족스럽다면 모델을 구축하고 활용합니다.

Lesson 3
자료 구조

POINT 일상에서 상황과 목적에 따라 물건을 정리하는 방법이 다릅니다. 컴퓨터에서도 상황과 목적에 따라 데이터를 정리, 즉 구성하는 방법이 다릅니다. 자료 구조란 무엇인지 알아보겠습니다.

1 자료 구조의 개념

여러분은 편의점에 진열된 상품들을 본 적이 있나요? 또 편의점에서 어떤 방법으로 상품을 정리하는지 아시나요? 편의점에서는 먼저 진열한 상품을 손님들이 먼저 살 수 있도록 새로운 상품을 뒤쪽에 진열합니다.

▲ 상품이 진열된 모습

일주일 동안 여행을 떠나려고 합니다. 평소 먹던 여러 가지 약을 챙기려고 한다면 어떤 방법으로 정리할 수 있을까요? 약의 종류가 여러 가지라면 요일별로 먹는 약을 통에 나누어 담아 순서대로 정리할 수 있습니다.

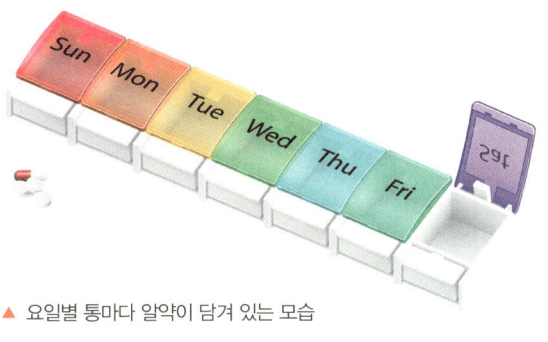

▲ 요일별 통마다 알약이 담겨 있는 모습

   컴퓨터에서도 자료의 특성에 따라 적절한 자료의 구조로 데이터를 구성합니다. 이처럼 자료 구조란 컴퓨터에서 자료를 효율적으로 관리하기 위해 데이터를 구성하는 다양한 방법을 의미합니다. 자료 구조를 적절히 선택한다면 정보 처리 시간을 단축하고, 기억 장치의 공간도 효율적으로 사용할 수 있습니다.

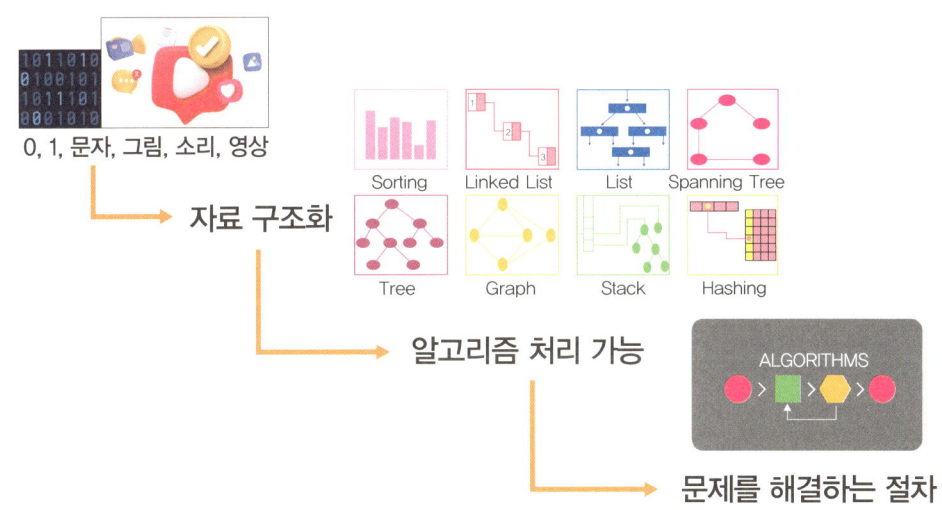

▲ 자료 구조를 활용하여 문제를 해결하는 절차

   현실에서 적절하게 자료 구조를 활용하는 예를 찾아보겠습니다. 바로 택배 배송 순서의 문제입니다. 택배 기사가 여러 개의 짐을 싣고 각 목적지를 향해 배달할 때, 아무렇게나 가지 않습니다. 가능하면 가까운 곳부터 시작하여 순서대로 물건을 배송하는 것이 무작위로 가는 것보다는 효율적일 것입니다. 그러므로 택배 기사는 가려고 하는 길의 최단거리를 찾아서 움직이는 문제를 해결하려고 할 것입니다. 선택한 길이 실제로 효율적인지를 판단하는 것은 직감적으로 파악할 수밖에 없지만 컴퓨터의 경우에는 데이터를 네트워크의 형태로 구조화시켜 거리를 수치화하여 실마리를 찾습니다.

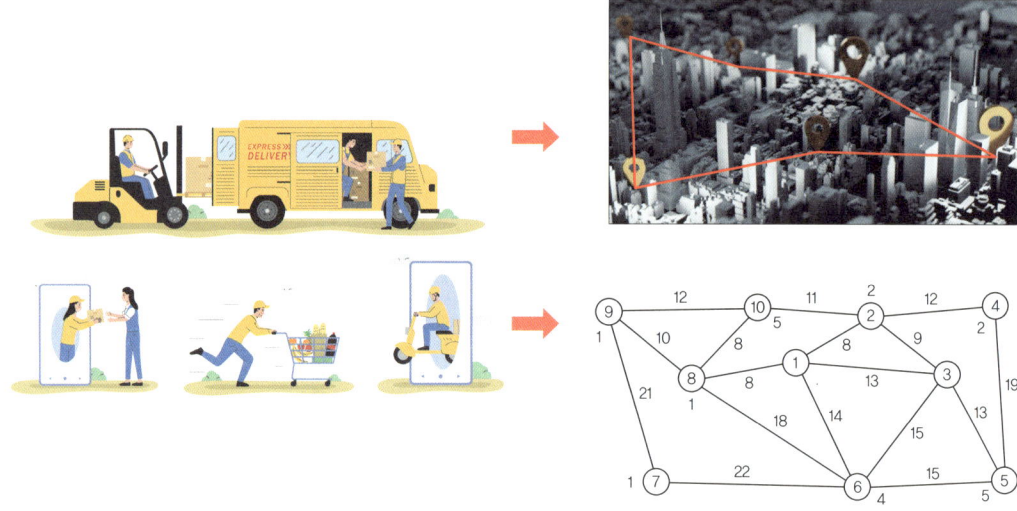

2 자료 구조의 종류 ❶ - 선형 구조

선형 구조란 데이터들이 순서에 맞추어 하나의 선, 한 줄로 연결된 자료 구조를 의미합니다. 데이터들이 한 줄로 연결되었기 때문에 데이터 사이의 연결 관계는 '1:1'의 관계를 갖습니다.

■ 배열(Array)

가장 일반적인 구조로 데이터의 위치를 의미하는 인덱스(0부터 시작)와 인덱스에 할당되어 있는 데이터로 저장되는 자료 구조입니다.

자장면	피자	치킨	햄버거	초밥
Index 0	Index 1	Index 2	Index 3	Index 4

배열 구조에서 중간에 데이터를 추가하려면 해당 위치 뒤에 있는 데이터들을 이동시켜 빈 공간을 만들어야 합니다. 반대로 데이터를 삭제하려면 삭제한 데이터 뒤에 있는 데이터들을 앞으로 당겨 빈 공간을 없애야 합니다. 이러한 과정 때문에 데이터의 추가 및 삭제 속도가 늦다는 단점이 있습니다.

■ 연결 리스트

여러분은 수업 중 과제를 발표할 때, 다음 발표할 사람을 지목한 경험이 있나요? 이러한 상황에서 발표하는 사람 A를 알고 있다면 다음 발표할 사람이 누구인지 알 수 있습니다. 이와 비슷하게 실제 데이터(발표하는 사람)와 다음 데이터가 저장되어 있는 위치(다음 발표할 사람)를 함께 표현하는 방법을 연결 리스트(Linked List)라고 합니다. 이때 실제 데이터와 다음 데이터의 위치를 묶어 '노드'라고 합니다.

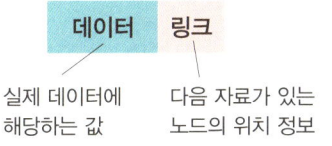

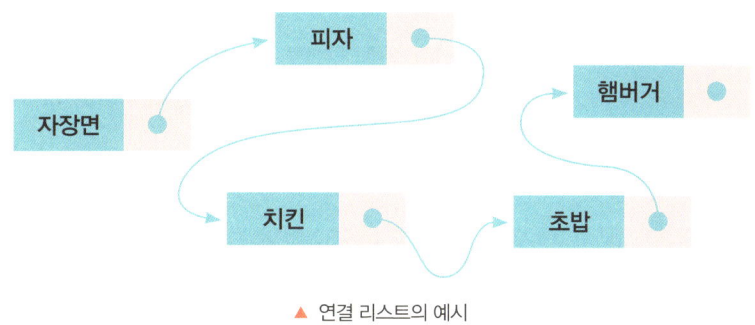

▲ 연결 리스트의 예시

연결 리스트에서는 데이터를 추가하거나 삭제할 때, 전체 데이터의 자료를 이동시키지 않고 추가 또는 삭제할 데이터의 앞뒤 데이터만 수정하면 됩니다. 이러한 이유로 배열 구조와는 다르게 데이터 추가 또는 삭제의 처리 속도가 빠르다는 장점이 있습니다.

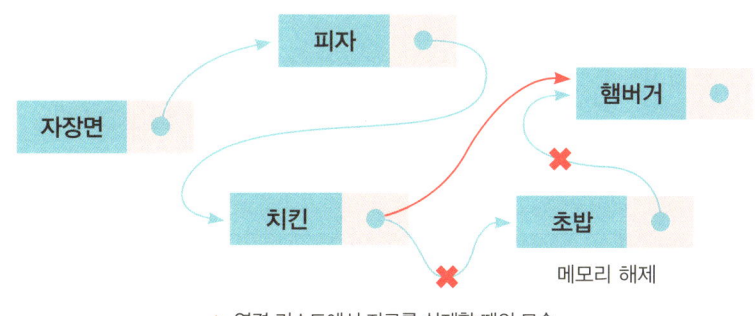

▲ 연결 리스트에서 자료를 삭제할 때의 모습

■ 스택(Stack)

다음과 같은 주차장에 3대의 차를 주차하려면 어떻게 해야 할까요? 차가 1대씩 차례대로 들어와서 3번, 2번, 1번 주차 자리를 채울 것입니다.

그렇다면 다음과 같이 모든 자리에 차가 주차되어 있을 때, 3번 차가 주차장을 빠져나가려면 어떻게 해야 할까요? 먼저 가장 늦게 들어온 1번 차가 주차장을 빠져나갑니다. 다음으로 2번 차, 마지막으로 3번 차가 나가게 됩니다.

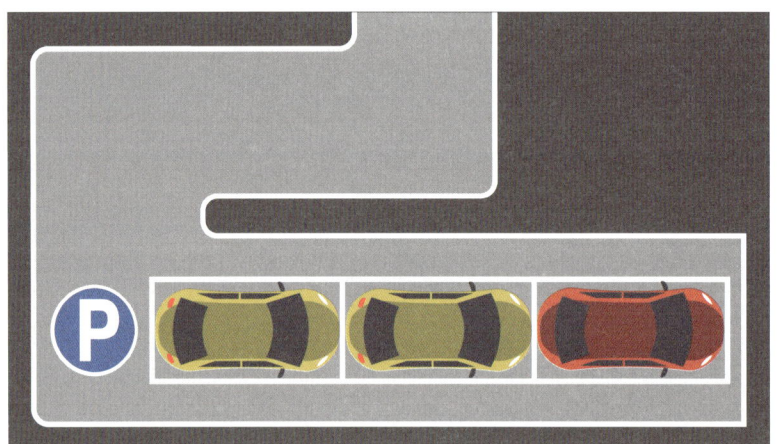

이와 같이 가장 나중에 추가된 데이터를 가장 먼저 삭제하는 자료 구조를 스택이라고 합니다. 또한 후입선출(LIFO, Last-In-First-Out)이라고 합니다. 치킨을 추가하고 싶다면 치킨은 맨 위에 놓이게 됩니다. 중간에 있는 피자를 삭제하고 싶다면 먼저 맨 위에 있는 치킨을 삭제하고, 다음으로 피자를 삭제합니다.

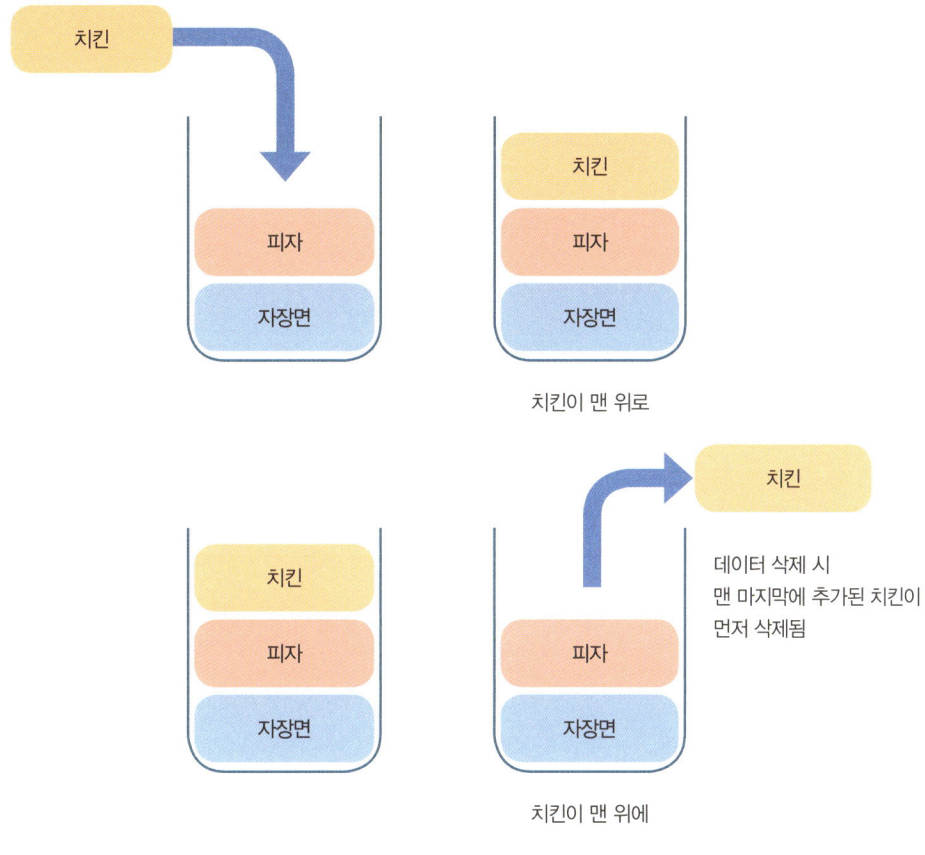

치킨이 맨 위로

치킨이 맨 위에

데이터 삭제 시
맨 마지막에 추가된 치킨이
먼저 삭제됨

    스택 구조가 사용되는 대표적인 예는 웹 브라우저의 '이전 페이지로 돌아가기' 기능입니다. 링크를 통하여 새로운 페이지에 접속할 때마다 새로운 페이지에 대한 데이터를 추가합니다. 이때 '이전 페이지로 돌아가기' 기능을 사용하면 가장 최신의 데이터, 맨 위에 있다고 생각할 수 있는 데이터를 삭제하면서 바로 이전의 페이지로 돌아갑니다.

■ 큐(Queue)

    정수기 옆에 놓여 있는 종이컵을 본 적이 있나요? 그림과 같은 종이컵은 보관함에 먼저 넣은 종이컵을 먼저 뽑아서 사용하게 됩니다.

이와 같이 가장 먼저 추가된 데이터를 가장 먼저 삭제하는 자료 구조를 큐라고 합니다. 즉 데이터의 추가와 삭제가 서로 다른 방향에서 일어나는 구조로 선입선출(FIFO, First-In-First-Out)이라고 합니다. 치킨을 추가하고 싶다면 치킨은 맨 뒤에 놓이게 됩니다. 중간에 있는 피자를 삭제하려면 맨 앞에 있는 자장면을 삭제하고 피자를 삭제합니다.

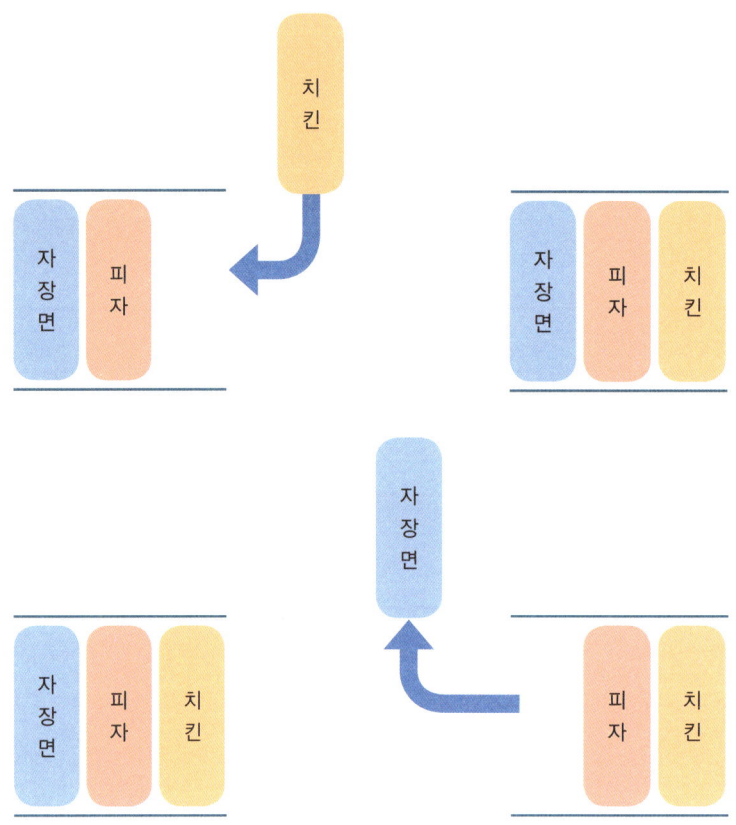

- 덱(Deque)

양쪽에서 데이터를 추가하거나 삭제할 수 있는 자료 구조입니다. 큐와 스택을 혼합한 형태라고 생각할 수 있습니다.

3   자료 구조의 종류 ❷ - 비선형 구조

비선형 구조에서 데이터들 사이의 연결 관계는 '1:여러 개' 또는 '여러 개:여러 개'의 관계를 갖습니다.

■ 트리(Tree)

데이터 사이의 관계가 계층 구조일 때 사용하는 자료 구조입니다. 트리는 데이터를 저장하고 있는 '노드(Node)'와 노드 사이를 연결하는 선인 '간선(Edge)'으로 이루어져 있습니다.

▲ 패밀리 트리

■ 그래프(Graph)

데이터 사이의 관계가 망 구조일 때 사용하는 자료 구조입니다. 그래프는 트리 구조와 마찬가지로 노드와 간선으로 이루어져 있지만 노드 사이에 계층은 존재하지 않습니다. 그래프를 활용하는 예시로는 지하철 노선도가 있습니다.

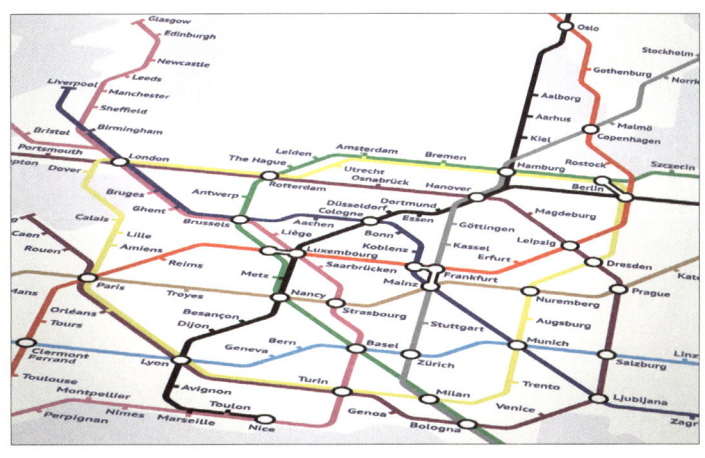

▲ 유럽 지하철 노선도

Lesson 4
데이터베이스

POINT 어떻게 하면 대량의 데이터를 효율적으로 관리할 수 있을까요? 데이터베이스에 대해 알아보겠습니다.

1 데이터베이스의 개념

　데이터베이스(Database, DB)란 대량의 정보를 효율적으로 저장, 검색 및 조작할 수 있도록 컴퓨터에 저장한 것, 즉 데이터의 집합을 의미합니다. 항공기 좌석 예약에 대한 정보(이름, 성별, 나이, 국적, 연락처 등), 회사의 직원에 대한 정보(이름, 부서, 나이, 주소, 급여 등), 고객 정보(이름, 연락처, 이메일 등) 등을 데이터베이스에 기록하여 관리할 수 있습니다.

2 데이터베이스의 특징

데이터베이스는 여러 가지 특징을 가지고 있습니다.

■ **데이터의 중복을 최소화**

데이터를 관리할 때, 데이터의 중복을 최소화하면서 통합됩니다.

■ **실시간 접근성**

사용자가 실시간으로 데이터베이스에 접근하여 작업을 할 수 있습니다.

■ **계속 변화**

데이터의 삽입, 삭제, 수정 작업을 계속하여 현재의 정확한 데이터를 유지합니다.

■ **동시 공유**

여러 사용자가 데이터베이스에 접속하여 서로 다른 데이터뿐만 아니라 같은 데이터도 동시에 처리할 수 있습니다.

3 데이터베이스 관리 시스템(DBMS)

데이터베이스를 관리하는 소프트웨어를 데이터베이스 관리 시스템(DBMS, Database Management System)이라고 합니다. 데이터베이스 관리 시스템은 데이터베이스 언어라고 부르는 프로그래밍 언어를 한 개 이상 제공합니다.

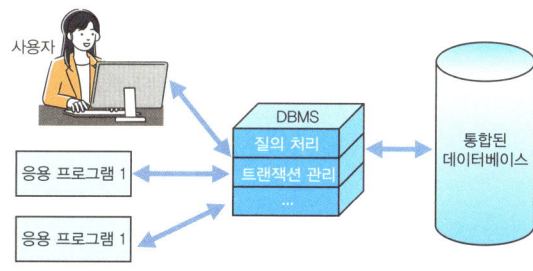

▲ 사용자, DBMS, 데이터베이스의 관계를 도식화한 그림

데이터베이스 관리 시스템을 도입하면 다음과 같은 장점들이 있습니다.

반대로 데이터베이스 관리 시스템을 도입할 때의 단점도 있습니다.

▲ 추가적인 하드웨어 구입 비용 ▲ DBMS 자체의 구입 비용 상당히 비쌈 ▲ 직원들의 교육 비용 많이 소모됨 ▲ 비밀과 프라이버시 도출 등의 단점이 존재할 수 있습니다.

이런 단점들로 인해 초기의 투자 비용이 너무 크거나 데이터에 대한 접근을 제한하기를 원할 때 등에는 DBMS를 사용하지 않는 것이 효과적일 수 있습니다.

4 데이터베이스의 종류

데이터베이스의 발전에 따라 여러 가지 형태의 데이터베이스가 존재합니다.

■ 계층형 데이터베이스

　계층형 데이터베이스는 트리 구조를 기반으로 데이터를 저장합니다. 데이터에 접근하는 속도가 빠르다는 장점이 있지만 데이터에 어떻게 접근하는가와 데이터 사이의 관계를 데이터베이스를 생성할 때에 정의해야 하고 구조 변경이 어렵다는 단점이 있습니다. 대표적으로 IBM사의 IMS(Information Management System)가 있습니다.

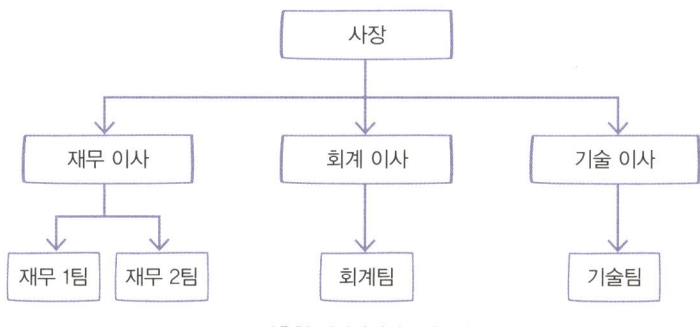

▲ 계층형 데이터베이스의 모습

■ 네트워크형 데이터베이스

　네트워크형 데이터베이스는 데이터의 구조를 네트워크상의 노드 형태로 표현하여 데이터를 저장합니다. 계층형 데이터베이스에서 발생하는 데이터 중복 문제는 해결할 수 있지만 복잡한 구조로 인해 데이터베이스 생성 이후에 구조 변경이 어렵다는 단점이 있습니다.

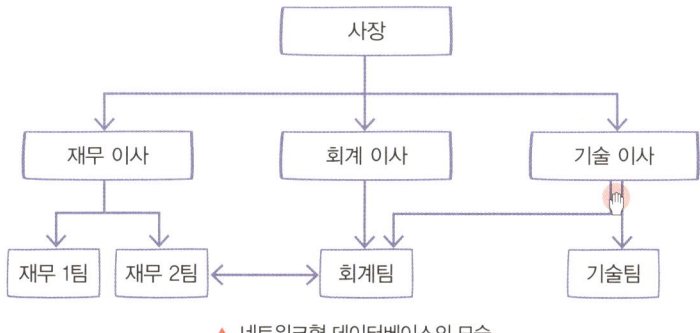

▲ 네트워크형 데이터베이스의 모습

■ 관계형 데이터베이스

관계형 데이터베이스는 데이터를 행과 열의 테이블 형태로 저장합니다. 다양한 용도로 사용이 가능하고, 높은 성능을 보여 가장 많이 사용합니다. 또한 데이터의 분류, 정렬, 탐색 등의 속도가 빠르다는 장점이 있습니다. 하지만 수평 확장, 즉 새로운 속성(열)을 추가하기에는 어려움이 있다는 단점이 있습니다. 대표적으로 Oracle, MySQL 등이 있습니다.

사원 리스트 테이블

사원 번호	이름	부서
1	AAA	직급
2	BBB	직급
3	CCC	직급
4	DDD	직급

키(key) 값으로 연결

사원 리스트 테이블

사원 번호	사원 주소
1	서울시
2	경기도
3	부산광역시
4	대전광역시

사원 리스트 테이블

사원 번호	사원 연락처
1	111-1111
2	222-2222
3	333-3333
4	444-4444

■ 객체 지향형 데이터베이스

객체 지향형 데이터베이스는 데이터를 객체의 형태로 저장한 데이터베이스입니다. 관계형 데이터베이스와 객체 지향형 프로그래밍 언어를 함께 사용하면서 생기는 한계를 극복하기 위해 등장하였습니다. 객체 지향형 데이터베이스는 지리 정보 시스템, 멀티미디어 같이 복잡한 정보 처리에 강점을 보입니다.

5 SQL

SQL(Structured Query Language)은 관계형 데이터베이스를 조작 및 관리하기 위해 사용하는 데이터베이스 언어입니다. SQL은 크게 데이터 정의어(DDL), 데이터 조작어(DML), 데이터 제어어(DCL)로 나눌 수 있습니다.

■ 데이터 정의어(DDL: Data Definition Language)

데이터 정의어는 데이터베이스의 테이블을 생성하고, 변경 및 제거하는 기능을 수행합니다.

주요 구문	의미
CREATE	데이터베이스에서 테이블 등을 새롭게 생성한다.
ALTER	테이블 등의 구조를 변경한다(열 추가나 이름 변경 등).
DROP	테이블과 데이터 모두를 삭제한다.
TRUNCATE	테이블은 유지하고, 데이터만 전부 삭제한다.

■ 데이터 조작어(DML: Data Manipulation Language)

데이터 조작어는 테이블에 새 데이터를 추가하거나 테이블에 이미 저장된 데이터를 수정, 검색, 삭제하는 기능을 수행합니다.

주요 구문	의미
INSERT	데이터를 삽입한다.
UPDATE	데이터를 수정한다.
DELETE	데이터를 삭제한다. **조건(WHERE)이 없다면 모든 데이터가 삭제된다.
SELECT	데이터를 검색하여 가져온다.

■ DROP, TRUNCATE, DELETE 비교

	DROP	TRUNCATE	DELETE
종류	DDL	DDL	DML
복원 가능 여부 (롤백)	불가능	불가능	가능
삭제 정도	데이터 전부와 테이블	데이터 전부	데이터 일부
속도	빠름	빠름	느림

■ 데이터 제어어(DCL: Data Control Language)

데이터 제어어는 보안을 위해 데이터에 대한 접근 및 사용 권한을 부여하거나 제한하는 기능을 수행합니다.

주요 구문	의미
GRANT	특정 작업 수행 권한을 부여한다.
REVOKE	권한을 박탈한다.

> **여기서 잠깐**
>
> SQL 질의문은 세미콜론(;)으로 문장의 끝을 표시합니다. 또 대·소문자를 구분하지 않습니다.

NOTE

Chapter 4

알고리즘

Lesson 1 알고리즘의 개요
Lesson 2 알고리즘의 복잡도
Lesson 3 정렬 알고리즘
Lesson 4 탐색 알고리즘

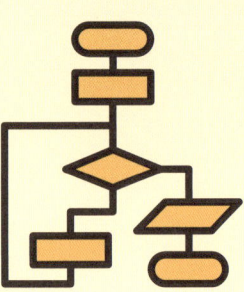

Lesson 1
알고리즘의 개요

POINT 알고리즘이란 무엇인지 알아봅시다.

알고리즘이란?

요즘 알고리즘이란 말을 쉽게 접할 수 있습니다. 컴퓨터공학에 대해 잘 알지 못하는 사람들도 유튜브로 영상을 시청하다 보면 "유튜브 알고리즘이 나를 여기로 이끌었어!"라며 알고리즘에 대해 이야기하곤 합니다. 그렇다면 알고리즘이란 무엇일까요?

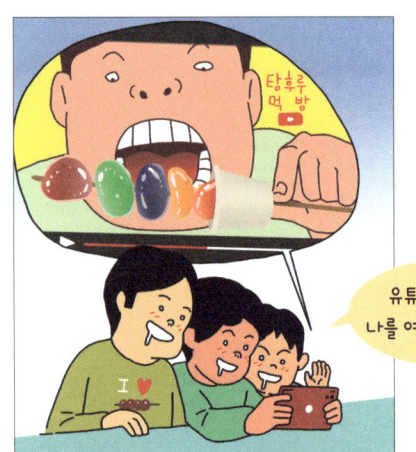

알고리즘이란 어떤 작업을 수행하기 위하여 입력을 받고, 원하는 출력을 만들어내기 위한 과정을 나타낸 것입니다. 어떠한 문제를 해결하기 위한 일련의 단계적 절차 또는 여러 명령어들의 모임이라고도 할 수 있습니다. 앞에서 언급한 유튜브 알고리즘을 다시 살펴봅시다. 유튜브 알고리즘의 목적은 무엇인가요? 바로 사용자의 관심사, 취향 등을 분석하여 사용자가 시청할 가능성이 높은 영상을 제시하는 것입니다. 즉 유튜브 알고리즘은 '유튜브 사용자들이 시청할 가능성이 높은 영상을 제시한다.'는 문제를 해결하기 위한 일련의 과정을 의미합니다.

알고리즘은 어떻게 표현할 수 있을까요? 여러 가지 방법이 있습니다. 먼저 우리가 일상에서 사용하는 언어인 자연어를 사용하여 알고리즘을 표현할 수 있습니다. 또 자연어를 마치 프로그래밍 언어처럼 나타내는 의사코드로도 알고리즘을 표현할 수 있습니다.

> **여기서 잠깐**
>
> '알고리즘'이란 용어는 과거 이란의 아바스 왕조 시대에 활동한 수학자 알-콰리즈미
> (Al-Khwarizmi)의 이름에서 유래되었습니다.

a라는 변수와 b라는 변수의 곱을 출력하는 알고리즘을 자연어와 의사코드로 표현하면 아래와 같습니다. 의사코드는 따로 정해진 문법이 없으므로 자연어에 풀어 쓴 과정을 최대한 실제 코드에 가깝게 표현하면 됩니다.

자연어	의사코드
1. 시작	start 곱셈
2. 입력을 받아 변수 a에 저장한다.	입력 a
3. 입력을 받아 변수 b에 저장한다.	입력 b
4. 변수 a의 값과 변수 b의 값을 곱하여 변수 c에 저장한다.	c = a * b
5. 변수 c의 값을 출력한다.	출력 c
6. 끝	end 곱셈

그림으로도 알고리즘을 표현할 수 있습니다. 바로 순서도입니다. 순서도는 약속된 기호와 그림 등을 이용하여 문제 해결 과정을 표현한 것입니다.

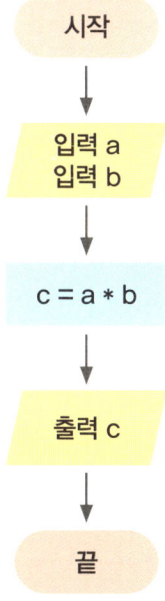

그리고 여러 가지 프로그래밍 언어 등을 사용하여 알고리즘을 표현할 수 있습니다.

2 알고리즘의 조건

알고리즘 설계에는 여러 조건이 요구됩니다. 가장 먼저 알고리즘에는 입력과 출력이 존재해야 합니다. 예를 들어 달리기 선수 100명의 기록 중 가장 빠른 기록을 찾는 작업을 하는 알고리즘을 설계한다면 입력과 출력을 다음과 같이 나타낼 수 있습니다.

- 입력: 100개의 달리기 기록
- 출력: 입력된 100개의 기록 중 가장 작은 값(빠른 값)

다른 상황을 하나 더 살펴볼까요? 다음은 서울시 지하철 노선도입니다. 강남역에서 출발하여 동작역으로 갈 때, 최단 경로를 찾는 알고리즘의 입력과 출력은 무엇일까요?

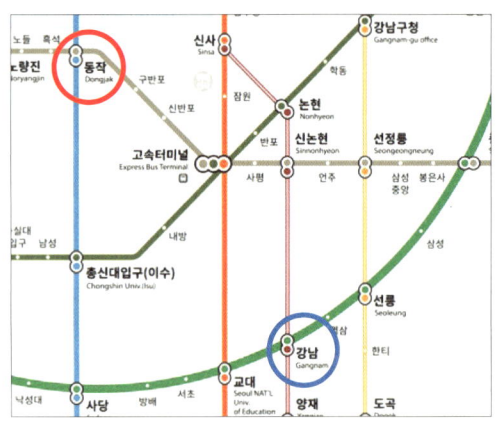

▲ 지하철 노선도

- 입력: 서울시 지하철 노선도, 강남역(출발역), 동작역(도착역)
- 출력: 강남역(출발역)에서 동작역(도착역)까지 가는 최단 경로

입력과 출력은 위와 같습니다. 다음으로 알고리즘은 명확해야 합니다. 즉 알고리즘은 각 단계가 모호하지 않은 명령어로 이루어져야 합니다. 또한 알고리즘은 그 과정을 절차대로 수행하면 반드시 끝이 나야 합니다. 이러한 특성을 유한성 또는 종결성이라고 합니다. 마지막으로 알고리즘은 각 절차가 정해진 시간 안에 수행할 수 있도록 단순하고 논리적이어야 합니다. 이를 수행 가능성 또는 효과성이라고 합니다.

알고리즘이 명확할수록, 단순하여 수행 속도가 짧을수록 좋은 알고리즘이라고 할 수 있습니다.

Lesson 2
알고리즘의 복잡도

POINT 같은 문제를 해결하더라도 알고리즘마다 얼마나 효과적으로 그 문제를 해결하는지는 다릅니다. 알고리즘의 성능을 평가하는 척도인 알고리즘 복잡도에 대해 알아보겠습니다.

1 알고리즘 복잡도

알고리즘 복잡도란 알고리즘이 얼마나 효율적으로 동작하는지를 나타내는 개념입니다. 어떤 알고리즘이 효율적으로 동작하는 것일까요? 소요되는 시간이 짧고, 사용하는 메모리(공간)가 적을수록 효율적이라고 할 수 있습니다.

알고리즘 복잡도는 알고리즘이 입력 데이터의 크기에 따라 소요되는 시간을 나타내는 '시간 복잡도'와 알고리즘이 실행되는 동안에 얼마나 많은 메모리(공간)를 사용하는지를 나타내는 '공간 복잡도'가 있습니다.

2 빅오(Big-O, 대문자 O) 표기법

알고리즘의 입력값의 크기가 작을 때에는 알고리즘의 효율성과 무관하게 알고리즘의 수행 시간이 짧습니다. 반대로 입력값의 크기가 충분히 큰 경우에는 알고리즘이 효율적인지 그렇지 않은지에 따라 수행 시간의 차이가 발생합니다. 따라서 알고리즘 복잡도를 분석할 때에는 입력값의 크기가 충분히 큰 경우를 가정합니다.

이때 사용하는 방법이 점근적 표기법입니다. 점근적 표기법이란 변수가 커짐에 따라 함수가 증가하는 비율(점근적 증가율)을 대략적으로 표현하는 방법입니다(변수가 충분히 큰 경우로 극한의 개념을 떠올리면 됩니다). 따라서 함수의 여러 항들 중에서 영향력이 가장 높은 항만을 표시합니다.

　예를 들어 입력 크기 n에 따라 연산 횟수가 10n인 알고리즘 A와 연산 횟수가 n^2인 알고리즘 B가 있습니다. 다음 표는 n이 증가할 때, 두 알고리즘의 연산 횟수를 비교한 표입니다. n의 크기가 작을 때에는 알고리즘 B의 연산 횟수가 적어서 효율적인 것처럼 보입니다. 하지만 n이 충분히 커짐에 따라 알고리즘 A의 연산 횟수가 비교가 되지 않을 만큼 적다는 것을 확인할 수 있습니다. 이처럼 차수가 높은 항이 상대적으로 차수가 낮은 항과 비교했을 때, 영향력이 높습니다. 차수뿐만 아니라 n이 충분히 커지게 되면 계수도 그 영향력이 미미해집니다.

　따라서 점근적 표기법에서는 계수를 무시하고, n의 크기가 충분히 커짐에 따라 함수값 변화에 가장 큰 영향을 미치는 항만을 나타냅니다. n의 크기에 따라 연산 횟수가 $3n^2+10n+7$로 증가하는 알고리즘이 있다고 할 때, 점근적 표기법에서는 n^2만 다루게 되는 것입니다.

n	10n	n^2
1	10	1
2	20	4
10	100	100
100	1,000	10,000
1,000	10,000	1,000,000
10,000	100,000	10^8
...	...	...
10^{10}	10^{11}	10^{20}
10^{50}	10^{51}	10^{100}

▲ 두 함수 10n과 n^2의 증가율 비교

　점근적 표기법에도 여러 가지 방법이 있습니다. 그중에서 가장 대표적으로 사용하는 것은 '대문자 O(빅오) 표기법'입니다. 빅오 표기법은 알고리즘이 수행될 때 소요될 수 있는 시간의 상한선을 나타냅니다. 즉 최악의 경우를 고려하여 나타내는 것입니다. 앞에서 다룬 함수 $3n^2+10n+7$을 빅오 표기법으로 나타내면 $3n^2+10n+7=O(n^2)$로 나타낼 수 있습니다.

> **여기서 잠깐**
>
> 점근적 표기법에는 '대문자 O(빅오) 표기법' 외에도 '소문자 o 표기법', '대문자 오메가(Ω) 표기법', '소문자 오메가(ω) 표기법', '대문자 세타(Θ) 표기법'이 있습니다.

3. 시간 복잡도(Time Complexity)

알고리즘의 수행 시간을 정확하게 측정하고 평가할 수는 없으므로 입력 크기가 증가할 때 알고리즘 수행 시간이 어떤 형태로 증가하는지, 즉 입력값의 크기와 알고리즘 수행 시간 사이의 함수 관계를 시간 복잡도라고 합니다. 알고리즘의 시간 복잡도는 앞에서 알아본 빅오 표기법으로 표현합니다.

알고리즘의 시간 복잡도는 대표적으로 몇 가지 유형으로 나타납니다.

- O(1): 입력값의 크기 n과 관계없이 항상 같은 시간이 소요되는 알고리즘입니다.
- O(log n): O(1) 다음으로 빠른 것으로 log n에 비례하여 시간이 소요되는 알고리즘입니다. 입력값의 크기가 커질수록 효율적이라는 특징이 있으며 대표적으로 이진 탐색 알고리즘이 있습니다.
- O(n): n에 비례하여 시간이 소요되는 알고리즘입니다. 대표적으로 for문으로 작동되는 알고리즘이 있습니다.
- O(n log n): nlog n에 비례하여 시간이 소요되는 알고리즘입니다. 퀵 정렬, 병합 정렬 알고리즘 등이 있습니다.
- O(n^2): n^2에 비례하여 시간이 소요되는 알고리즘으로 입력값이 커짐에 따라 알고리즘 수행 시간이 급격하게 커집니다. 삽입 정렬, 거품 정렬, 선택 정렬 알고리즘 등이 있습니다.
- O(2^n): 지수 함수의 형태로 입력값이 커짐에 따라 알고리즘 수행 시간이 기하급수적으로 커집니다. O(n^2)보다도 비효율적입니다.
- O(n!): 입력값이 커짐에 따라 n!에 비례하여 알고리즘 수행 시간이 소요됩니다. 시간 복잡도가 너무 커서 매우 비효율적으로 보이나 현실에서는 이런 알고리즘을 사용할 수밖에 없는 문제들이 많습니다.

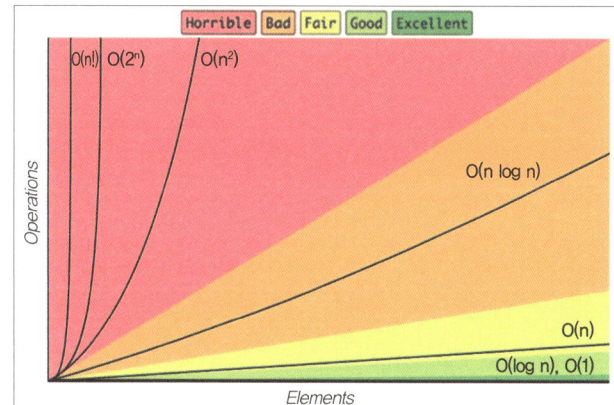

▶ 시간 복잡도 비교

4. 공간 복잡도(Space Complexity)

알고리즘 공간 복잡도는 알고리즘을 수행할 때 얼마나 많은 메모리를 사용하는지를 나타내는 척도입니다. 시간 복잡도와 마찬가지로 주로 빅오 표기법을 사용합니다. 오늘날 하드웨어의 발전으로 공간 복잡도의 중요성은 시간 복잡도에 비해 상대적으로 떨어진다고 할 수 있습니다.

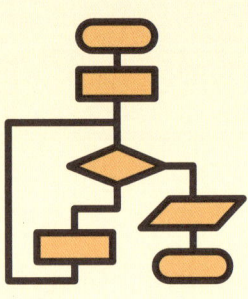

Lesson 3
정렬 알고리즘

POINT

컴퓨터 분야에서 주어진 데이터를 정해진 순서대로 나열하는 것은 매우 중요한 문제입니다. 정렬 문제라고 하며 정렬 문제 해결을 위한 알고리즘을 정렬 알고리즘이라고 합니다. 여러 가지 정렬 알고리즘에 대해 알아봅시다.

1 선택 정렬 알고리즘(Selection Sort Algorithm)

선택 정렬은 원리가 간단하면서도 직관적인 정렬 알고리즘입니다. 주어진 배열에서 가장 작은 값(또는 가장 큰 값)을 찾아서 맨 앞에 있는 값과 자리를 교체합니다. 맨 앞으로 이동한 값은 정렬이 완료된 부분입니다. 정렬이 완료되지 않은 부분에서 또 다시 가장 작은 값을 찾고, 정렬되지 않은 부분의 맨 앞에 있는 값과 자리를 교체합니다. 위의 과정을 반복하며 정렬을 진행하는 것이 바로 선택 정렬입니다.

❶ 아래와 같은 정렬되지 않은 데이터를 살펴봅시다. 이 데이터를 크기가 작은 순서대로 정렬하려고 합니다.

| 15 | 6 | 23 | 1 | 8 | 19 |

❷ 먼저 가장 작은 값인 1을 찾습니다.

| 15 | 8 | 23 | 1 | 6 | 19 |

❸ 맨 앞에 있는 값인 15와 가장 작은 값인 1의 자리를 바꿉니다.

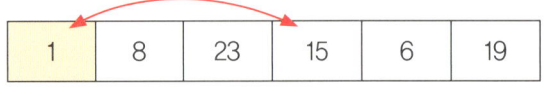

❹ 이제 맨 앞으로 자리를 바꾼 1은 정렬이 완료된 부분(회색으로 표시)입니다. 1을 제외한 나머지 부분에서 다시 가장 작은 값인 6을 찾습니다.

| 1 | 8 | 23 | 15 | 6 | 19 |

❺ 정렬되지 않은 부분의 맨 앞에 있는 값인 8과 가장 작은 값 6의 자리를 바꿉니다.

| 1 | 6 | 23 | 15 | 8 | 19 |

❻ 이제 1과 6이 정렬이 완료된 부분이 되고, 앞의 과정을 계속 반복합니다.

| 1 | 6 | 23 | 15 | 8 | 19 |

❼ 정렬이 완료된 모습

| 1 | 6 | 8 | 15 | 19 | 23 |

2 버블 정렬 알고리즘(Bubble Sort Algorithm)

버블 정렬은 선택 정렬이 주어진 데이터에서 최솟값을 찾는 것과는 다르게 서로 이웃한 2개의 데이터끼리 크기를 비교하면서 정렬을 진행합니다. 크기 비교를 한 데이터들은 서로 자리를 유지하거나 자리를 바꿉니다. 이러한 과정이 반복되면서 가장 큰 데이터는 한 칸 한 칸 자리가 뒤로 밀리며 가장 뒤로 보내지게 됩니다.

❶ 앞에서 사용했던 정렬되지 않은 데이터를 살펴봅시다. 이 데이터를 크기가 작은 순서대로 정렬하려고 합니다.

| 15 | 6 | 23 | 1 | 8 | 19 |

❷ 먼저 가장 앞에 있는 15와 6의 크기를 비교합니다. 작은 순서대로 정렬되지 않았으므로 두 수의 자리를 바꿉니다.

| 15 | 6 | 23 | 1 | 8 | 19 |

❸ 다음으로 15와 23의 크기를 비교합니다. 순서대로 정렬되어 있으므로 위치는 그대로 유지합니다.

| 6 | 15 | 23 | 1 | 8 | 19 |

❹ 23과 1의 크기를 비교합니다. 두 수의 자리를 바꿉니다.

| 6 | 15 | 23 | 1 | 8 | 19 |

❺ 23과 8의 크기를 비교합니다. 마찬가지로 자리를 바꿉니다.

| 6 | 15 | 1 | 23 | 8 | 19 |

❻ 23과 19의 크기를 비교합니다. 두 수의 자리를 바꿉니다.

| 6 | 15 | 1 | 8 | 23 | 19 |

❼ 이제 가장 크기가 큰 값인 23은 배열의 가장 오른쪽에 위치하게 됩니다.

| 6 | 15 | 1 | 8 | 19 | 23 |

❽ 다시 맨 앞으로 돌아와 6과 15부터 앞의 과정을 반복합니다.

| 6 | 15 | 1 | 8 | 19 | 23 |

❾ 모든 과정을 마치면 다음과 같이 정렬이 완료됩니다.

| 1 | 6 | 8 | 15 | 19 | 23 |

3 삽입 정렬 알고리즘(Insertion Sort Algorithm)

삽입 정렬은 이미 정렬되어 있는 배열에 삽입할 값의 적절한 위치를 찾아 해당 위치에 삽입하면서 정렬을 진행합니다. 선택 정렬과 버블 정렬은 n개짜리 배열에서 시작하여 과정이 반복됨에 따라 그 크기를 하나씩 줄이게 됩니다. 삽입 정렬은 반대로 한 개짜리 배열에서 시작하여 과정이 반복됨에 따라 그 크기를 하나씩 늘리게 됩니다.

❶ 정렬되지 않은 아래의 데이터를 크기가 작은 순서대로 정렬하려고 합니다.

| 6 | 8 | 1 | 7 | 23 |

❷ 먼저 가장 앞인 6은 정렬이 완료된 것(회색)으로 봅니다. 회색의 정렬된 배열에 다음 값이 8은 어디에 놓으면 될까요? 적절한 위치는 바로 6의 뒤입니다. 따라서 지금 위치 그대로 유지합니다.

| 6 | 8 | 1 | 7 | 23 |

❸ 이제 정렬이 완료된 배열은 6부터 8까지입니다. 다음 값인 1은 어디에 놓으면 될까요? 적절한 위치는 바로 6의 앞입니다. 1을 6의 앞에 놓고, 6과 8은 한 칸씩 뒤로 이동하게 됩니다.

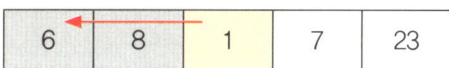

❹ 정렬이 완료된 배열은 1부터 8까지입니다. 7의 적절한 위치는 어디일까요? 6과 8의 사이입니다. 7은 6과 8 사이로 이동하고, 8은 한 칸 뒤로 이동합니다.

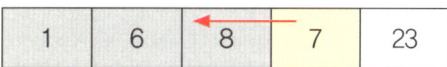

❺ 정렬이 완료된 배열은 1부터 8까지입니다. 마지막 23의 적절한 위치는 어디일까요? 지금 그대로이므로 이동하지 않습니다. 이러한 삽입 정렬 알고리즘의 과정을 거쳐 정렬을 완성합니다.

| 1 | 6 | 7 | 8 | 23 |

4 병합 정렬 알고리즘(Merge Sort Algorithm)

병합 정렬은 주어진 데이터를 원소의 개수가 1개 또는 0개가 될 때까지 분할하고, 이를 다시 병합하면서 정렬시키는 방법입니다. 아래의 주어진 데이터를 병합 정렬을 활용하여 정렬하는 과정은 다음과 같습니다.

주어진 데이터

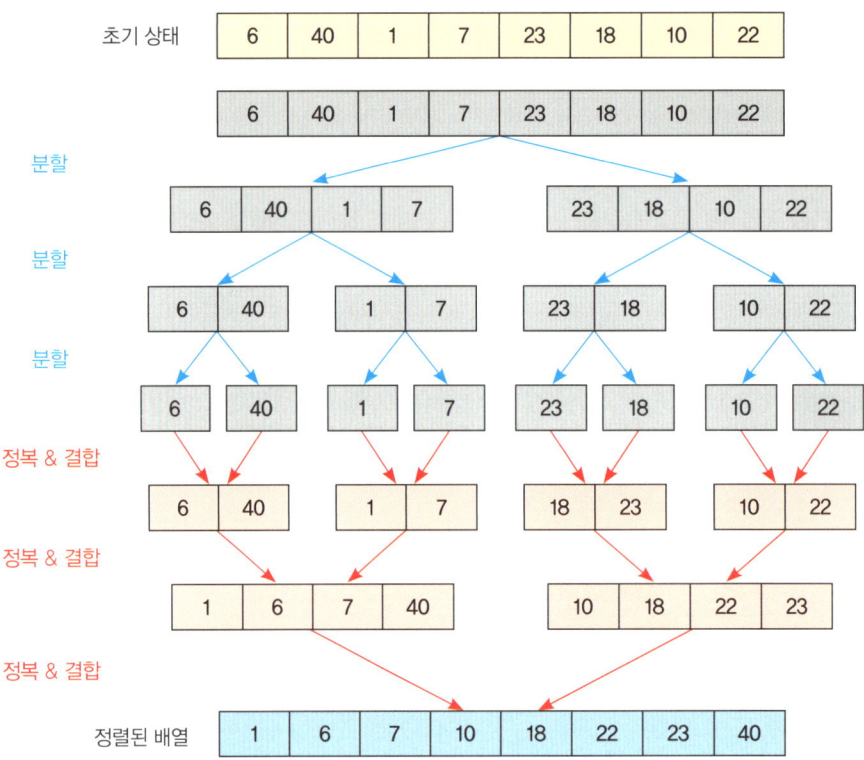

5 퀵 정렬 알고리즘(Quick Sort Algorithm)

퀵 정렬은 먼저 주어진 데이터 중에서 하나의 기준을 설정하는데 이를 '피벗(Pivot)'이라고 합니다. 피벗을 기준으로 작은 값들은 피벗 앞으로, 큰 값들은 피벗 뒤로 위치하도록 정렬하는 것을 퀵 정렬이라고 합니다.

❶ 다음의 정렬되지 않은 데이터를 크기가 작은 순서대로 정렬하려고 합니다. 먼저 9를 피벗으로 설정해 보겠습니다.

| 6 | 15 | 1 | 23 | 7 | 9 |

❷ 처음으로 6의 값을 피벗인 9와 크기를 비교합니다. 6인 피벗인 9보다 작으므로 9보다 작거나 같은 부분(회색)으로 생각합니다.

| 6 | 15 | 1 | 23 | 7 | 9 |

❸ 다음 값인 15는 피벗인 9보다 큽니다. 9보다 큰 부분(보라색)으로 생각합니다.

| 6 | 15 | 1 | 23 | 7 | 9 |

❹ 1은 9보다 작으므로 9보다 작거나 같은 부분(회색)에 포함되어야 합니다. 6과 1을 연결시키기 위해 15와 1의 위치를 바꿉니다.

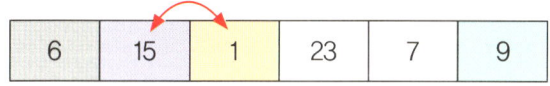

| 6 | 15 | 1 | 23 | 7 | 9 |

❺ 23은 9보다 크므로 9보다 큰 부분(보라색)에 포함되어야 합니다. 이동은 따로 필요하지 않습니다.

| 6 | 1 | 15 | 23 | 7 | 9 |

❻ 7은 9보다 작으므로 9보다 작거나 같은 부분(회색)에 포함되어야 합니다. 따라서 15와 7의 위치를 바꿉니다.

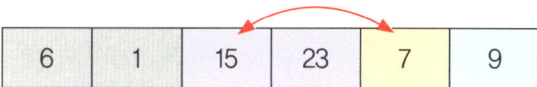

| 6 | 1 | 15 | 23 | 7 | 9 |

❼ 이제 9보다 작거나 같은 부분(회색)과 9보다 큰 부분(보라색)으로 분할되었습니다. 그 사이에 9가 들어갈 수 있도록 23과 9의 위치를 바꿉니다.

| 6 | 1 | 7 | 23 | 15 | 9 |

❽ 피벗 9를 기준으로 왼쪽에는 모두 9보다 작거나 같은 값들이 위치하고, 오른쪽에는 9보다 큰 값들만 위치하게 됩니다.

| 6 | 1 | 7 | 9 | 15 | 23 |

❾ 하지만 아직 정렬이 끝나지는 않았습니다. 이제 피벗 9를 기준으로 왼쪽과 오른쪽 각각 새롭게 피벗을 설정하여 퀵 정렬을 실시합니다. 이 과정을 반복하여 정렬을 마무리합니다.

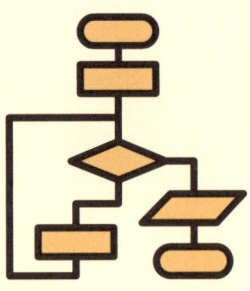

Lesson 4
탐색 알고리즘

POINT

문제 해결을 위해서는 방대한 데이터에서 목적에 맞는 데이터를 빠르게 찾아내는 것이 중요합니다. 이를 위해 사용하는 알고리즘이 탐색 알고리즘입니다. 여러 가지 탐색 알고리즘에 대해 알아보겠습니다.

1 선형 탐색 알고리즘

선형 탐색 알고리즘(Linear Search Algorithm)은 단순하게 처음부터 끝까지 순차적으로 하나씩 확인하는 알고리즘입니다. 리스트 또는 배열에서 원하는 항목이 나올 때까지 차례대로 비교합니다. 도서관에 가서 여러분이 찾는 책을 처음부터 한 권씩 확인하는 것입니다. 만약 도서관에 1,000권의 책이 있다면 최대 1,000번의 탐색이 필요할 수 있습니다.

❶ 다음 데이터에서 34라는 데이터를 선형 탐색 알고리즘을 이용하여 찾아봅시다.

❷ 가장 처음에 위치한 데이터 5와 우리가 찾는 데이터 34가 같은지 비교합니다.

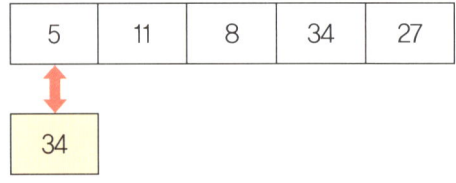

❸ 같지 않으므로 다음 데이터인 11과 34가 같은지 비교합니다.

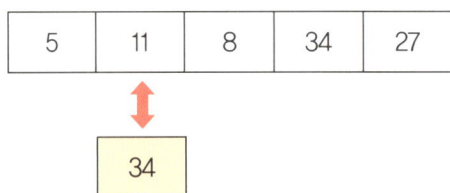

❹ 같은 방법으로 8과도 먼저 비교하고, 다음으로 네 번째 데이터인 34와 우리가 찾는 34가 같은지 비교합니다. 같으므로 원하는 데이터를 찾았습니다. 그리고 탐색을 종료하게 됩니다.

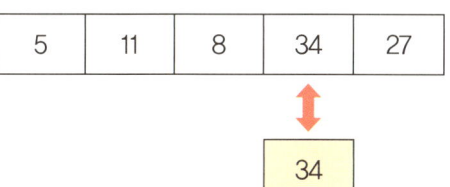

2 이진 탐색 알고리즘

이진 탐색 알고리즘(Binary Search Algorithm)은 사용하려는 리스트가 정렬이 되어 있어야만 사용이 가능합니다. 먼저 정렬된 리스트를 반으로 나누어 가운데 항목과 내가 찾으려는 항목을 비교합니다. 가운데 항목과 내가 찾으려는 항목이 일치하면 어떻게 될까요? 당연히 탐색을 중단합니다. 일치하지 않는다면 내가 찾으려는 항목과 가운데 항목을 비교합니다. 찾으려는 항목이 가운데 항목보다 작다면 왼쪽 절반에 대해 탐색을 합니다. 반대로 찾으려는 항목이 가운데 항목보다 크다면 오른쪽 절반에 대해 탐색을 합니다. 위의 과정을 반복하는 것이 이진 탐색 알고리즘입니다. 다음 그림을 보며 확인하여 봅시다.

❶ 아래의 데이터에서 17을 이진 탐색 알고리즘을 이용하여 찾아봅시다.

| 1 | 4 | 8 | 13 | 17 | 22 | 29 |

❷ 먼저 가운데 위치한 13과 찾으려고 하는 17이 같은지 비교합니다. 다음의 경우에는 찾는 데이터가 아님을 알 수 있습니다.

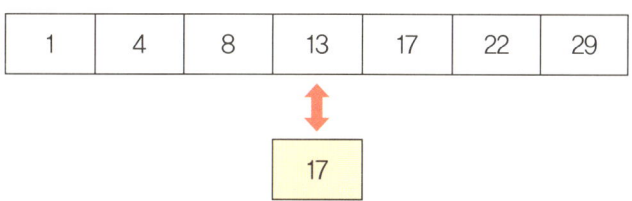

❸ 찾고자 하는 데이터인 17이 13보다 크기 때문에 13의 오른쪽에 있는 데이터들을 대상으로 이진 탐색을 수행합니다.

| 1 | 4 | 8 | 13 | 17 | 22 | 29 |

탐색할 영역

Lesson 4 탐색 알고리즘 **107**

❹ 다시 탐색할 영역의 가운데 위치한 데이터를 찾습니다. 다음의 데이터에서는 22입니다. 22와 찾고자 하는 17을 비교합니다. 이번에도 찾고자 하는 데이터가 아닙니다.

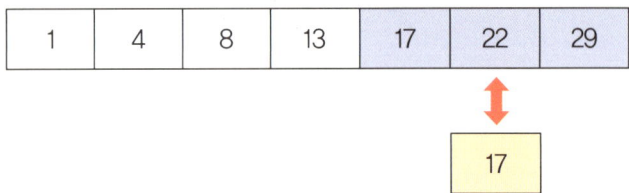

❺ 찾고자 하는 데이터 17은 22보다 작으므로 이제는 탐색했던 영역 중 22보다 왼쪽에 있는 영역만 탐색할 영역으로 남깁니다.

탐색할 영역

❻ 이런 과정을 반복하면 원하는 데이터를 찾을 수 있습니다(원하는 데이터가 존재하는 경우에). 원하는 데이터를 찾으면 이진 탐색을 종료합니다.

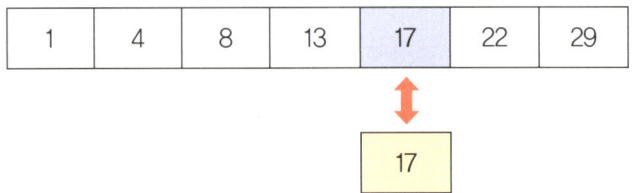

3 너비 우선 탐색(BFS)

3장 자료 구조(82쪽)에서 알아보았던 트리 구조를 기억하시나요? 그래프나 트리와 같은 자료 구조에서 원하는 목적지에 도달하기 위한 경로를 탐색하는 문제를 트리 탐색 문제라고 합니다. 트리 탐색 문제에 활용되는 알고리즘 중 기초적인 알고리즘이 너비 우선 탐색(BFS, Breadth First Search)과 깊이 우선 탐색(DFS, Depth First Search))입니다.

너비 우선 탐색이란 맹목적으로 탐색하는 방법으로 탐색을 시작할 노드에서 인접한 모든 노드를 차례대로 탐색하는 방법입니다. 너비 우선 탐색은 출발 노드에서 목표 노드까지의 최단 경로를 탐색할 때 주로 사용합니다. 하지만 경로가 매우 긴 경우에는 탐색해야 하는 가지가 급격히 증가하여 많은 기억 공간이 필요하다는 단점도 있습니다.

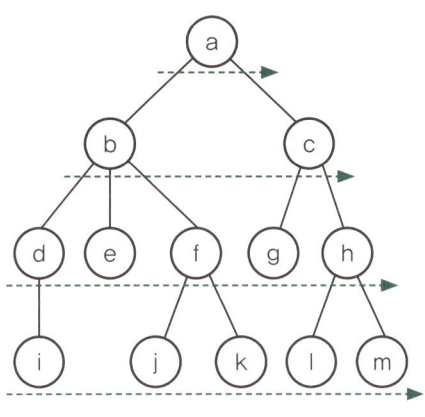

▲ 너비 우선 탐색에서 탐색 순서

4 깊이 우선 탐색(DFS)

깊이 우선 탐색(DFS, Depth First Search)은 수평 방향으로 탐색하던 너비 우선 탐색과 다르게 수직 방향으로 탐색하는 방법입니다. 즉 더 이상 진행할 수 없을 때까지 깊숙이 탐색하고 다시 시작 노드로 돌아와 다른 경로를 탐색합니다.

깊이 우선 탐색은 지금 진행하고 있는 경로의 노드들만 기억하면 되기 때문에 기억 공간이 비교적 적게 필요합니다. 또한 목표 노드가 깊숙이 있는 경우에는 빠르게 해를 구할 수 있습니다. 반면에 해가 없는 경로를 탐색할 때에 그 경로가 깊은 단계까지 이어진다면 탐색 시간이 길어질 수 있습니다.

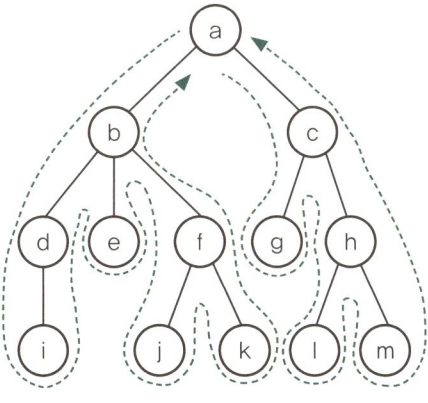

▲ 깊이 우선 탐색에서 탐색 순서

Lesson 4 탐색 알고리즘 **109**

프로그래밍

Lesson 1 프로그래밍 기초
Lesson 2 프로그래밍 언어의 분류
Lesson 3 프로그래밍 패러다임

Lesson 1
프로그래밍 기초

POINT 프로그래밍이란 무엇인지 알아보고, 프로그래밍 언어의 발전에 대해 간략히 살펴보겠습니다.

1. 프로그래밍이란?

프로그래밍(Programming)이란 프로그램을 만드는 것을 의미합니다. 그렇다면 프로그램은 무엇일까요? 방송, 연극과 같은 공연에서도 프로그램이라는 말을 사용하지만 프로그래밍에서 의미하는 프로그램은 바로 컴퓨터 프로그램입니다. 컴퓨터 프로그램이란 어떤 문제를 해결하기 위해 컴퓨터가 작업을 어떻게 처리할 것인지, 어떤 순서로 처리할 것인지 내린 명령들을 의미합니다.

2. 프로그래밍 언어의 발전

프로그래밍이란 결국 컴퓨터에게 명령을 내리는 것이기 때문에 컴퓨터가 이해할 수 있는 언어로 명령을 내려야 합니다. 컴퓨터가 이해할 수 있는 언어를 '기계어'라고 합니다. 기계어는 CPU가 명령을 직접 해독하고 실행할 수 있도록 비트 단위로 쓰여진 언어를 말합니다. 이는 0과 1의 신호로 이루어졌기 때문에 사람이 기계어를 사용하여 프로그래밍하기가 쉽지 않았고, 반대로 기계어를 보고 그 의미가 무엇인지 이해하기도 어려웠습니다.

```
10110000  01100001  00000000  00000000   ; 레지스터 A에 1 저장
10110001  01100010  00000000  00000000   ; 레지스터 B에 2 저장
10000000  01100001  01100010  00000000   ; 레지스터 A와 B를 더해서 결과를 A에 저장
```

▲ 기계어로 구현한 1과 2를 더하는 프로그램 예시(x86 아키텍처 기반)

이러한 기계어 사용의 어려움을 보완하기 위해 등장한 것이 바로 '어셈블리어(Assembly Language)'입니다. 기계어와 특정 기호를 1대1로 대응시키는 방법을 사용하였습니다. 기계어로 더하라는 명령을 내리기 위해 0과 1을 조합한 명령어가 필요했다면 어셈블리어에서는 add와 같이 비교적 단순한 언어로 명령을 내립니다. 기계어와 비교하면 훨씬 가독성이 좋고, 생산성을 높일 수 있었습니다.

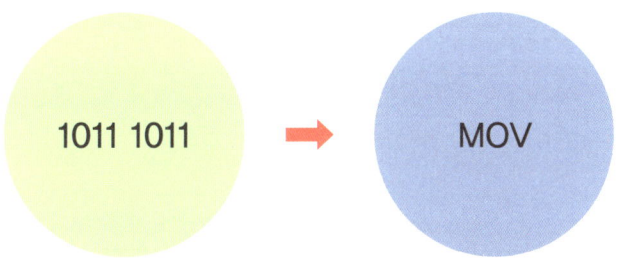

▲ 왼쪽의 기계어 형태를 오른쪽의 어셈블리어 형태로 변환

```
mov eax, 1     ; 레지스터 eax에 1 저장
mov ebx, 2     ; 레지스터 ebx에 2 저장
add eax, ebx   ; eax = eax + ebx (덧셈)
```

▲ 어셈블리어로 구현한 1과 2를 더하는 프로그램 예시
(x86 아키텍처 어셈블리어 사용)

어셈블리어가 기계어에 비해 편해지고, 효율적인 것은 사실이지만 여전히 해독 및 사용이 쉽지 않았습니다. 컴퓨터가 보급되고 성능이 발달하면서 고급 프로그래밍 언어가 등장하기 시작했습니다.

1950년대에 등장한 '포트란(Fortran)'은 최초의 고급 프로그래밍 언어입니다. 포트란은 수식 계산에 특화되어 있었기 때문에 과학 및 공학 분야에서 주로 사용되었습니다.

1970년대에는 사용법은 몰라도 한번쯤 이름은 들어봤을 언어인 'C 언어'도 등장하였습니다. 이후에는 C++, 자바(Java), 파이썬(Python) 등 많은 고급 프로그래밍 언어가 등장하였고, 프로그래밍 언어마다 특징이 달라 사용 목적에 맞게 프로그래밍 언어를 선택하여 사용하고 있습니다.

3 인터프리터 방식과 컴파일러 방식

고급 언어는 저급 언어와 다르게 언어 번역이라는 과정이 필요합니다. 여기에서 말하는 언어 번역이란 기계어로 번역하는 과정을 의미합니다. 언어 번역을 하는 방법에 따라 인터프리터 방식과 컴파일러 방식으로 나눌 수 있습니다.

인터프리터 방식은 프로그램을 실행할 때, 명령을 하나씩 번역하면서 바로 실행하는 방식입니다. 하나의 명령마다 번역과 실행을 반복하기 때문에 실행 시간이 오래 걸린다는 단점이 있습니다. 하지만 오류 수정에는 유리한 방식입니다. 프로그램에 오류가 있을 때, 오류를 만나기 전까지는 프로그램을 실행하기 때문입니다. 작동이 멈추면 멈춘 위치에서 오류를 찾아볼 수 있습니다.

▲ 인터프리터 방식

컴파일러 방식은 명령 하나씩이 아닌 프로그램 전체를 번역하고, 한번에 실행합니다. 처음 번역에는 시간이 오래 걸리지만 별도의 실행 파일을 생성하기 때문에 실행 속도는 상대적으로 빠릅니다.

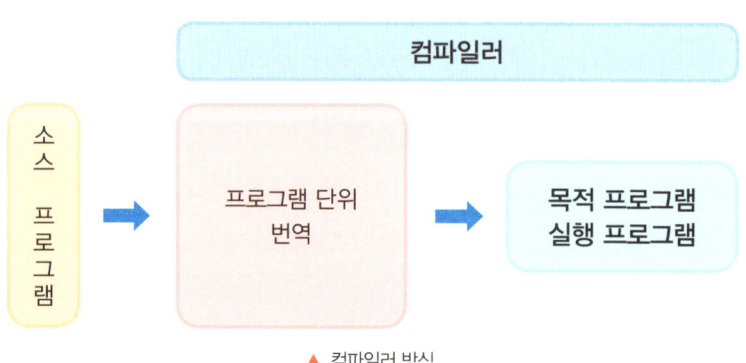

▲ 컴파일러 방식

Lesson 2
프로그래밍 언어의 분류

POINT 많은 프로그래밍 언어들은 각각의 특징을 가지고 있습니다. 프로그래밍 언어들을 여러 기준으로 분류하고, 그 특징을 살펴보겠습니다.

1 저급 언어와 고급 언어

프로그래밍 언어를 저급 언어(Low-Level Language)와 고급 언어(Hihg-Level Language)로 나눌 수 있습니다. 여기에서 말하는 급이란 품질이 좋고, 나쁨을 의미하는 것은 아닙니다. 프로그래밍 언어가 기계어에 가까운지, 인간이 사용하는 언어에 가까운지를 나타냅니다.

저급 언어란 기계(하드웨어)와 가까운 수준의 프로그래밍 언어입니다. 앞에서 살펴본 기계어와 어셈블리어가 저급 언어에 속합니다. 컴퓨터가 명령을 이해하고 실행하기까지의 시간이 빠르다는 장점이 있지만 이해하고, 사용하기가 어렵다는 단점이 있습니다.

고급 언어란 인간이 사용하는 언어에 가까운 프로그래밍 언어입니다. Python, Java, C++, JavaScript 등 기계어와 어셈블리어를 제외한 대부분의 언어는 고급 언어에 속합니다. 인간의 언어와 비슷하여 이해하기가 쉽고, 복잡한 작업도 간편하게 수행할 수 있습니다. 하지만 명령 실행을 위해 기계어로 변환되는 과정이 필요하기 때문에 명령의 실행 속도가 상대적으로 느리다는 단점이 있습니다. 이러한 단점도 하드웨어의 발달로 인해 해결되었습니다.

▲ 왼쪽부터 기계어, 어셈블리어, 고급 언어, 인간의 언어

2 관리 언어와 비관리 언어

　메모리 관리 방식에 따라 관리 언어(Managed Language)와 비관리 언어(Unmanaged Language)로 나눌 수도 있습니다. 관리 언어란 프로그래밍을 할 때에 메모리 관리가 자동으로 이루어지는 언어로 Java, C#, Python 등이 속합니다. 상대적으로 빠른 개발이 가능하며 생산성이 높습니다.

　비관리 언어란 프로그래밍을 할 때에 메모리 관리가 자동으로 이루어지지 않기 때문에 메모리를 직접 할당하고 해제해야 하는 언어를 말합니다. C, C++ 등이 비관리 언어에 속합니다. 메모리 관리라는 부분을 추가로 생각해야 하므로 개발에 더 많은 시간과 노력이 요구됩니다.

> **여기서 잠깐**
>
> 관리 언어에서 더 이상 사용하지 않는 메모리 블록을 찾아 다시 사용할 수 있도록 메모리 사용을 해제하는 기능을 수행하는 프로그램 구성 요소를 '**가비지 컬렉터**(Garbage Collector)'라고 합니다. 그리고 이러한 과정을 '**가비지 컬렉션**(Garbage Collection)'이라고 합니다.

3 정적 타입 언어와 동적 타입 언어

　프로그래밍 언어를 정적 타입 언어(Statically Typed Language)와 동적 타입 언어(Dynamically Typed Language)로 나눌 수도 있습니다. 자료형(Type)이 고정되어 있다면 정적 타입 언어, 변한다면 동적 타입 언어입니다.

　정적 타입 언어는 변수의 자료형(Type)이 컴파일 시간에 결정되고, 동적 타입 언어는 변수의 자료형이 실행 시간(런타임)에 결정된다는 차이가 있습니다. 정적 타입 언어는 컴파일 시간에 자료형이 결정되기 때문에 타입 오류를 미리 알고, 확인할 수 있다는 장점이 있습니다. 반대로 동적 타입 언어는 실행 중에 변수의 자료형이 변할 수 있기 때문에 프로그램 실행 중에 문제가 발생할 수 있습니다. 하지만 유연하게 코드를 작성할 수 있다는 장점이 있습니다.

> **여기서 잠깐**
>
> **컴파일 시간**이란 앞에서 살펴보았던 컴파일러가 고급 언어를 기계어로 변환하는 시간을 의미합니다.
> **실행 시간(런타임)**이란 프로그램을 실행하는 시간을 의미합니다.

Lesson 3
프로그래밍 패러다임

POINT 프로그래밍 패러다임이란 프로그래밍 언어를 설계하고, 프로그래밍을 어떻게 할 것인지에 대한 기본 철학 또는 접근 방식을 의미합니다. 여러 가지 프로그래밍 패러다임에 대해 살펴보겠습니다.

1 명령형 프로그래밍과 선언형 프로그래밍

프로그래밍 패러다임을 크게 명령형 프로그래밍(Imperative Programming)과 선언형 프로그래밍(Declarative Programming)으로 나누어 볼 수 있습니다. 명령형 프로그래밍과 선언형 프로그래밍은 프로그래밍에 대한 접근 방식이 다릅니다. 명령형 프로그래밍은 프로그램이 문제를 **어떻게(How)** 해결해야 하는지에 대해 명령을 내립니다. 반대로 선언형 프로그래밍은 문제를 해결하는 과정이 아닌 **무엇을(What)** 해결할 것인지에 대해 명령을 내립니다. 문제를 어떤 방식으로 해결할지는 컴퓨터에게 맡기는 방식입니다.

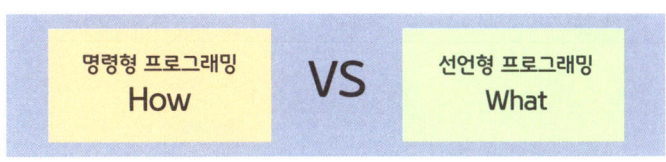

▲ 명령형 프로그래밍 vs 선언형 프로그래밍

▲ 프로그래밍 패러다임의 분류

명령형 프로그래밍과 선언형 프로그래밍의 차이에 대한 이해를 돕기 위해 햄버거 만들기를 예로 들어보겠습니다. 먼저 햄버거 만드는 문제를 선언형 프로그래밍으로 나타낸다면 아래 그림과 같이 '햄버거 만들어 줘'라고 우리가 원하는 결과만 작성합니다. 그리고 햄버거를 얻기 위한 중간 과정은 드러내지 않습니다. 대표적인 선언형 프로그래밍 언어에는 SQL, HTML 등이 있습니다.

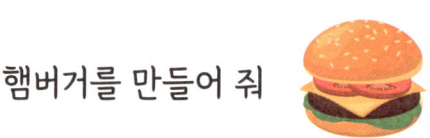

▲ 선언형 언어로 작성한 예시

햄버거를 만들기 위해 명령형 프로그래밍으로 나타낸다면 어떻게 나타낼 수 있을까요? 햄버거를 만들기 위해서는 빵과 고기를 굽고, 양상추, 토마토, 치즈를 잘라야 합니다. 그 후 재료들을 합치면 햄버거라는 결과를 얻을 수 있습니다. 이렇게 햄버거를 만들기 위한 과정을 프로그래밍하는 것이 명령형 프로그래밍입니다. 대표적인 명령형 프로그래밍 언어로는 C, Java 등이 있습니다.

▲ 명령형 언어로 작성한 예시

객체 지향형 프로그래밍(Object-Oriented Programming, OOP)

객체 지향형 프로그래밍(Object-Oriented Programming, OOP)은 명령형 프로그래밍의 일종입니다. 초기 프로그래밍 방식이었던 절차 지향형 프로그래밍은 줄줄이 코드를 작성했으므로 직관적이라는 장점이 있었습니다. 하지만 프로그램의 규모가 커지면서 작성해야 할 코드도 엄청나게 증가하였습니다. 100만 줄 규모의 프로그래밍을 해야 한다고 가정해 보겠습니다. 100만 줄을 작성하는 것 자체도 쉽지 않은 일이지만 작성을 완료했다고 하더라도 문제가 발생합니다. 바로 유지·보수 문제입니다. 100만 줄 중에 수정해야 할 부분을 일일이 찾아 수정하는 것에는 많은 시간이 요구되기 때문입니다. 이를 해결하기 위해 등장한 것이 객체 지향형 프로그래밍입니다. 객체 지향형 프로그래밍은 '객체(Object)'라고 하는 여러 개의 조각들로 나누어서 프로그래밍하는 것입니다.

▲ 절차 지향적 프로그래밍의 예시   ▲ 객체 지향적 프로그래밍의 예시

학교를 청소하는 것을 프로그래밍한다고 생각해 봅시다. 절차 지향형 프로그래밍으로 나타낸다면 교실, 화장실, 복도, 운동장 청소에 대한 명령을 쭉 작성합니다. 객체 지향형 프로그래밍에서는 교실 청소, 화장실 청소, 복도 청소, 운동장 청소라는 객체들을 만들어서 작성하게 됩니다. 각각의 객체는 각자 맡은 역할만 수행합니다.

이러한 객체 지향형 프로그래밍에는 여러 장점이 있습니다. 먼저 객체들이 분할되어 있으므로 여러 명의 프로그래머들이 프로그래밍을 할 때, 협업하기에 유리합니다. 각자 교실 청소, 화장실 청소, 복도 청소, 운동장 청소 부분을 프로그래밍하면 되기 때문입니다. 또한 오류가 발생하였을 때, 프로그램 전체가 아닌 오류가 발생한 부분만 고치면 되기 때문에 오류 수정에 유리합니다. 마지막으로 코드의 재사용성을 높일 수 있습니다. 교실 청소 부분의 코드를 활용하여 과학실 청소, 보건실 청소와 같은 새로운 객체를 쉽게 만들 수 있습니다.

객체 지향형 프로그래밍에서 사용되는 몇 가지 용어와 객체 지향형 프로그래밍의 특징을 붕어빵 만드는 과정에 비유하여 살펴보겠습니다.

■ 클래스와 객체

먼저 객체 지향형 프로그래밍에는 '클래스(Class)'와 '객체(Object)'가 존재합니다. 붕어빵을 만드는 틀을 클래스, 붕어빵 틀을 통해 만들어진 붕어빵을 객체라고 할 수 있습니다. 붕어빵이라는 객체를 만들기 위해서는 클래스인 붕어빵 틀을 사용해야 합니다. 붕어빵 틀을 사용하여 붕어빵을 만들려면 어떤 붕어빵을 만들 것인지 알려주어야 합니다. 예를 들어 만들려고 하는 붕어빵의 맛은 팥, 모양은 붕어, 가격은 1,000원, 유통기한은 2024년 1월 1일이라고 말입니다. 붕어빵에 대한 정보를 전달하면 붕어빵 틀을 통해 전달한 대로 붕어빵을 만들 수 있는 것입니다. 이때 붕어빵 틀에는 전달받은 정보들을 기본 값으로 설정하는 함수가 존재하는데 이를 '생성자(Constructor)'라고 합니다.

> 붕어빵을 만드려면
> 붕어빵_틀 호출!
> 붕어빵_틀(팥, 붕어, 1,000원, 2024/1/1)

▲ 객체를 만들기 위해 클래스를 사용

위에서 붕어빵을 만들 때 전달했던 붕어빵의 맛, 모양, 가격, 유통기한 등을 속성(Attribute) 또는 데이터라고 합니다. 그리고 붕어빵의 속성들을 바꿀 수도 있습니다. 이때 사용하는 명령들을 '메서드(Method)'라고 합니다. 메서드를 통하여 붕어빵의 맛을 팥이 아닌 슈크림으로 바꾸거나 가격을 1,000원에서 1,500원으로 바꿀 수 있습니다.

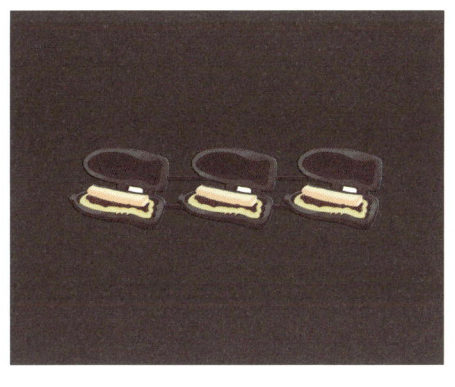 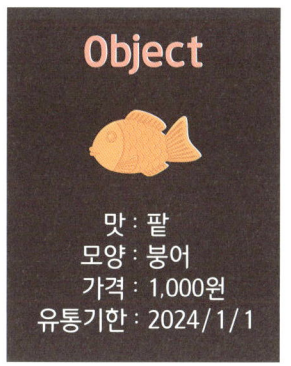

▲ 붕어빵 틀(클래스)   ▲ 붕어빵(객체)

정리하면 클래스는 객체를 만들기 위한 틀 또는 설계도라고 할 수 있습니다. 그리고 클래스라는 틀을 통해 만들어진 것들을 객체라고 합니다. 객체를 '인스턴스(Instance)'라고도 부릅니다.

■ 캡슐화

하나의 클래스 안에 관련 데이터와 메서드를 하나의 단위로 묶는 것을 의미합니다. 캡슐화(Encapsulation)를 하게 되면 외부에서 객체의 내부 데이터에 접근하지 못하도록 통제할 수 있습니다.

■ 상속

알고 보니 붕어빵 틀을 만드는 회사가 붕어빵뿐만 아니라 여러 종류의 빵을 굽는 틀을 만든다고 가정해 봅시다. 이 회사는 성능이 좋은 기본 빵 틀을 가지고 있습니다. 갖고 있는 기본 빵 틀을 조금씩 변형하여 붕어빵 틀, 국화빵 틀과 같이 새로운 빵 틀을 만들어 낼 수 있습니다.

▲ 기본 빵 틀(슈퍼 클래스)

이렇게 기본 빵 틀에서 새로운 빵 틀(붕어빵 틀, 국화빵 틀)을 만들어 내는 것처럼 하나의 클래스에서 유사한 구조의 새로운 클래스를 만드는 것을 '상속(Inheritance)'이라고 합니다. 상속할 때에는 원래의 클래스의 속성과 메서드를 그대로 가져갈 수 있고, 추가할 수도 있습니다. 기본 빵 틀과 같이 원래의 클래스를 '슈퍼 클래스' 또는 '부모 클래스'라고 합니다. 반대로 파생되어 나오는 클래스를 '서브 클래스' 또는 '자식 클래스'라고 합니다. 이러한 특성으로 인해 객체 지향형 프로그래밍에서는 코드 중복을 줄일 수 있습니다.

▲ 국회빵 틀

■ **다형성**

다형성(Polymorphism)은 '오버라이딩'과 '오버로딩'이라는 2가지로 나누어 볼 수 있습니다. 오버라이딩은 같은 이름의 메서드가 여러 클래스에서 서로 다른 기능을 수행하는 것을 의미합니다. 오버로딩이란 같은 이름의 메서드가 자료형 또는 인자의 개수에 따라 서로 다른 기능을 수행하는 것을 의미합니다.

3 함수형 프로그래밍

함수형 프로그래밍(Functional Programming)은 선언형 프로그래밍의 일종입니다. 명령형 프로그래밍과는 다른 사고 방식으로 접근해야 합니다. 아래는 닐 포드의 『함수형 사고』라는 책에서 함수형 프로그래밍을 배워야 하는 이유에 대해 서술한 내용입니다.

"잠시 당신이 나무꾼이라고 가정해 보자. 당신은 숲에서 가장 좋은 **도끼**를 가지고 있고, 그래서 가장 일 잘하는 나무꾼이다. 그런데 어느 날 누가 나타나서 나무를 자르는 새로운 패러다임인 **전기톱**을 알리고 다닌다. 이 사람이 무척 설득력이 있어서 당신은 사용하는 방법도 모르면서 전기톱을 사게 된다. 당신은 여태껏 했던 방식대로 시동을 걸지도 않고 전기톱으로 나무를 마구 두들겨댄다. 곧 당신은 이 새로운 전기톱은 일시적인 유행일 뿐이라고 단정하고 다시 도끼를 쓰기 시작한다. 그때 누군가 나타나서 **전기톱의 시동 거는 법**을 가르쳐 준다."

▲ 『함수형 사고』(닐 포드 저)

도끼는 일반적인 프로그래밍(명령형 프로그래밍) 언어, 전기톱은 함수형 프로그래밍 언어를 의미합니다. 위의 예화에서 도끼 대신 새로운 전기톱을 산 나무꾼은 나무 자르는 데에는 효과적으로 사용하지 못하고 있습니다. 도끼와 전기톱의 사용 방식이 완전히 다르기 때문에 전기톱을 사는 것에 그치지 않고 전기톱 사용하는 방법을 알아야 합니다.

함수형 프로그래밍 언어는 명령형 프로그래밍 언어와 전혀 다른 방식입니다. 따라서 함수형 프로그래밍을 배운다는 것은 프로그래밍에 접근할 수 있는 새로운 방식을 하나 더 추가한다는 것을 의미합니다. 다양한 방식으로 프로그래밍을 바라볼 수 있게 되면서 더 유연하게 문제해결이 가능하게 됩니다.

그렇다면 함수형 프로그래밍이란 무엇을 의미하는 것일까요? 함수형 프로그래밍은 함수들의 집합과 연산으로 프로그래밍을 구현한 것입니다. 함수형 프로그래밍에서는 '순수 함수(Pure Function)'를 사용합니다. 순수 함수란 동일한 입력값을 넣었을 때, 항상 같은 결괏값을 출력하는 함수를 의미합니다. 다음의 add 함수는 입력값에 'a'와 'b'를 넣었을 때, 항상 'a+b'라는 동일한 결과를 출력합니다.

▲ 자바스크립트에서의 순수 함수 예시(출처: 챗GPT)

함수형 프로그래밍에서는 순수 함수를 사용하기 때문에 함수를 실행하여도 함수 외부의 값에 영향을 끼치거나 받지 않습니다. 이런 특징을 부작용(Side Effect)이 없다고 말합니다. 대표적인 부작용은 바로 변수의 값이 변경되는 것입니다. 부작용이 없고, 같은 입력에 대해 같은 결과를 출력하므로 오류를 찾아내는 데 유용하다는 장점도 있습니다. 문제가 발생하면 문제가 발생한 함수만 살펴보아도 그 해결책을 찾을 수 있습니다.

함수형 프로그래밍 언어에는 스킴(Scheme), 하스켈(Haskell), 얼랭(Erlang) 등이 있고, 자바스크립트(Javascript), 파이썬(Python) 등에서도 함수형 프로그래밍 문법이 추가되어 사용할 수 있습니다.

4. 논리형 프로그래밍

함수형 프로그래밍이 함수의 집합과 연산으로 프로그래밍을 구현했다면 논리형 프로그래밍(Logic Programming)이란 무엇으로 프로그래밍을 구현했을까요? 이름에서 알 수 있듯이 논리형 프로그래밍이란 논리적인 규칙과 사실로 프로그래밍을 구현하는 방식입니다.

예시와 함께 살펴보겠습니다. 먼저 조상과 부모를 나타내는 논리적인 사실을 선언합니다. parent(a, b)에서 a는 부모, b는 자식을 의미합니다. john은 jim과 ann의 부모이고, ann은 mary의 부모입니다.

```prolog
% 사실(Fact): 부모와 조상의 관계
parent(john, jim).
parent(john, ann).
parent(ann, mary).
```

▲ 프롤로그(Prolog)에서 논리형 프로그래밍 예시(출처: 챗GPT)

다음으로 조상을 나타내는 규칙을 추가해 보겠습니다. 다음에서는 두 가지 경우로 정의되어 있습니다. 첫 번째는 ancestor(X, Y)에서 X가 Y의 부모인 경우입니다. 두 번째는 부모의 부모인 경우입니다.

```prolog
% 논리적 규칙(Rule): 조상은 부모이거나 조상의 부모이다.
ancestor(X, Y) :- parent(X, Y).
ancestor(X, Y) :- parent(X, Z), ancestor(Z, Y).
```

▲ 프롤로그(Prolog)에서 논리형 프로그래밍 예시(출처: 챗GPT)

이제 몇 가지 사실을 확인해 보겠습니다. 첫 번째는 john이 jim의 조상인지를 확인합니다. 이는 사실이므로 결과 값은 'true'입니다. 두 번째로 john이 mary의 조상인지를 확인합니다. 역시 사실이므로 결과 값은 'true'입니다. 세 번째로 jim이 mary의 조상인지를 확인합니다. 이는 사실이 아니므로 결과 값은 'false'입니다.

```prolog
?- ancestor(john, jim).
% 결과: true

?- ancestor(john, mary).
% 결과: true

?- ancestor(jim, mary).
% 결과: false
```

▲ 프롤로그(Prolog)에서 논리형 프로그래밍 예시(출처: 챗GPT)

대표적인 논리형 프로그래밍 언어에는 프롤로그(Prolog)가 있습니다.

Chapter 6

인공지능

Lesson 1 인공지능 개요
Lesson 2 생성형 AI
Lesson 3 인공지능을 활용한 이미지 생성
Lesson 4 인공지능을 활용한 음악 생성

Lesson 1
인공지능 개요

POINT 인공지능의 의미와 기계학습, 딥러닝에 대해 살펴보겠습니다.

1 인공지능이란?

여러분은 '인공지능'하면 무엇이 떠오르나요? 어떤 사람은 영화 아이로봇이나 터미네이트에서의 로봇처럼 인간과 비슷한, 혹은 인간 이상의 능력을 보여 주는 만능 로봇을 떠올렸을 것입니다. 또 어떤 사람은 사람의 음성을 인식하는 인공지능 스피커 또는 내 취향에 맞는 영상을 추천해 주는 인공지능 추천 시스템처럼 우리 주변에서 흔히 볼 수 있는 제품이나 서비스를 떠올렸을 것입니다.

인공지능이란 인간의 지적 능력인 지능을 기계(컴퓨터)를 이용하여 구현한 것을 의미합니다. 하지만 인간의 지능에는 여러 가지 특징이 있기 때문에 인공지능 역시 한마디로 정의하기는 어렵습니다. 인공지능을 통하여 인간의 지능을 구현하려는 시도는 크게 두 가지 패러다임으로 발전하였습니다. 인간의 지식을 기계에 잘 정제하여 주입하는 '기호주의(Symbolism)'와 데이터에서 패턴을 찾아내어 스스로 학습할 수 있도록 하는 '연결주의(Connectionism)'입니다.

구분	기호주의	연결주의
특징	인간의 지식을 잘 정제하여 기계에 주입함	데이터에서 패턴을 찾아내어 기계 스스로 학습함
응용	정리 증명, 전문가 시스템	딥러닝, CNN, RNN
주요 이슈	지식 획득, 표현, 추론	신경망, 기계학습

오늘날 '연결주의' 패러다임이 기계학습과 딥러닝의 발전을 이끌고 있습니다.

> **❗ 여기서 잠깐**
>
> 현재 우리 주변에서 흔히 볼 수 있는 인공지능처럼 어떤 특별한 목적을 수행하는 인공지능을 **약인공지능(Weak AI)**, 인간과 비슷하거나 혹은 인간 이상의 능력을 수행하는 인공지능을 **강인공지능(Strong AI)**이라고 합니다. 강인공지능은 **일반인공지능(AGI, Artificial General Intelligence)**이라고도 부릅니다.

2 기계학습(Machine Learning)

기계학습(Machine Learning)이란 인공지능 연구의 한 분야로 컴퓨터가 스스로 학습할 수 있도록 알고리즘 및 응용 기술을 개발하는 분야를 의미합니다. 기존의 컴퓨터는 사람이 데이터를 입력하면 사람이 개발한 알고리즘을 바탕으로 데이터를 처리하여 출력값을 내놓습니다. 기계학습은 데이터와 결과를 입력하면 데이터를 결과로 바꿔 주는 알고리즘을 찾아냅니다. 이렇게 알고리즘을 찾는 과정을 학습이라고 합니다. 새로운 데이터를 입력하면 찾은 알고리즘을 이용하여 결과를 추론합니다.

3 딥러닝(Deep Learning)

2016년 구글 딥마인드의 알파고와 이세돌 9단의 바둑 경기에서 알파고가 이세돌 9단을 4대1로 승리한 사건이 전 세계에 송출되면서 사람들은 인공지능과 기계학습, 그리고 딥러닝에 많은 관심을 갖기 시작했습니다. 딥러닝은 기계학습의 일종으로 인공지능, 기계학습, 딥러닝의 관계를 나타내면 아래와 같습니다. 딥러닝은 심층 신경망(Deep Neural Network, DNN)이라고도 합니다.

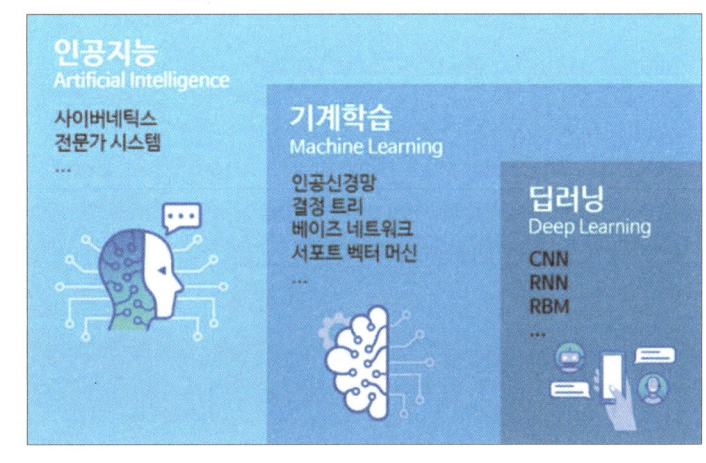

▶ 인공지능, 기계학습, 딥러닝의 관계

딥러닝이 하루아침에 발전한 것은 아닙니다. 딥러닝이 이렇게 잘 작동하게 된 것은 인공지능 알고리즘의 발전, 빅데이터의 등장, 빅데이터를 충분히 처리할 수 있는 컴퓨팅 파워의 발달이라는 3가지 요소가 맞물려 이루어졌기 때문입니다.

딥러닝은 그림과 같이 많은 층(레이어)을 가지고 있습니다. 입력층, 은닉층, 출력층이 존재하는데 은닉층이 많아지면 '깊어졌다'고 말합니다. 그래서 이를 딥러닝(Deep Learning)이라고 부르는 것입니다.

딥러닝은 데이터가 입력되면 예상하는 출력값에 가깝도록 모든 층의 가중값을 찾습니다. 이때 실제 출력값과 예상하는 출력값의 차이가 존재하는데 이 차이를 줄이기 위해 가중값을 계속 수정합니다. 차이를 최소화하는 가중값을 찾는 것이 바로 딥러닝에서의 학습 과정입니다.

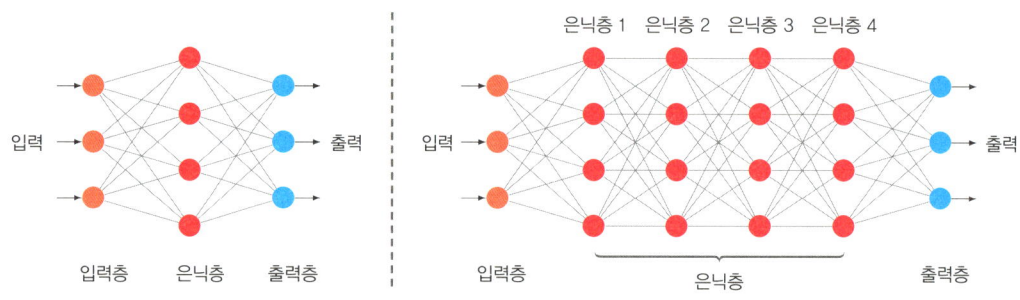

▲ 딥러닝 신경망 구조도

Lesson 2
생성형 AI

POINT 2023년 사회 전반을 뜨겁게 달구었던 화제 중 하나는 바로 '챗GPT', '생성형 AI'였습니다. 생성형 AI란 무엇인지 살펴보겠습니다.

1 '생성형 AI'란

2022년 인공지능과 관련하여 논쟁이 불붙게 만든 사건이 발생하였습니다. 바로 미국의 콜로라도 주립 박람회 미술 대회에서 인공지능 프로그램인 '미드저니(Midjourney)'를 통해 생성한 작품 '스페이스 오페라 극장'이 디지털 아트 부문 1등을 차지한 것입니다. 미드저니란 사용자가 텍스트로 생성할 이미지에 대한 명령어를 입력하면 이를 해석하여 적절한 그림을 생성해 주는 인공지능 프로그램입니다. 이 사건을 두고 예술에 인공지능이 사용될 수 있는 것인지에 대한 찬반 논쟁이 이루어지기도 하였습니다.

▲ 제이슨 앨런의 작품 〈스페이스 오페라 극장〉

앞의 작품을 생성한 미드저니는 생성형 AI(생성형 인공지능)의 하나입니다. 생성형 AI란 사용자가 명령어를 입력하면 명령어를 토대로 텍스트, 이미지, 음악, 기타 미디어 등의 결과물을 생성하는 인공지능 기술입니다. 대표적인 생성형 AI로는 챗GPT, 구글 제미나이(Gemini), 미드저니, 달리(Dall·E), 스테이블 디퓨전(Stable Diffusion) 등이 있습니다.

2 챗GPT(ChatGPT)

'OpenAI'는 인류에게 도움을 주는 안전한 인공지능 개발을 위해 2015년 설립된 미국의 비영리 단체입니다. OpenAI는 테슬라의 CEO로 유명한 일론 머스크와 샘 올트먼이 공동으로 설립하였습니다(일론 머스크는 2018년 OpenAI의 이사회에서 사임하였습니다).

ChatGPT(이하 챗GPT)는 2022년 11월 30일 OpenAI에서 공개한 인공지능 챗봇 서비스입니다. 챗GPT를 공개한 지 5일 만에 하루 이용자가 100만 명을 돌파하였고, 실제 사용 가입자는 단 2개월 만에 1억 명을 넘어섰습니다. 사용자가 1억 명을 넘기까지 인스타그램은 2년 반 정도, 틱톡은 9개월 정도 걸린 것과 비교하면 챗GPT를 향한 대중들의 관심이 매우 뜨거웠음을 알 수 있습니다. 이를 증명하듯 2023년에만 챗GPT와 관련된 도서가 수백 권이 출간되기도 하였습니다.

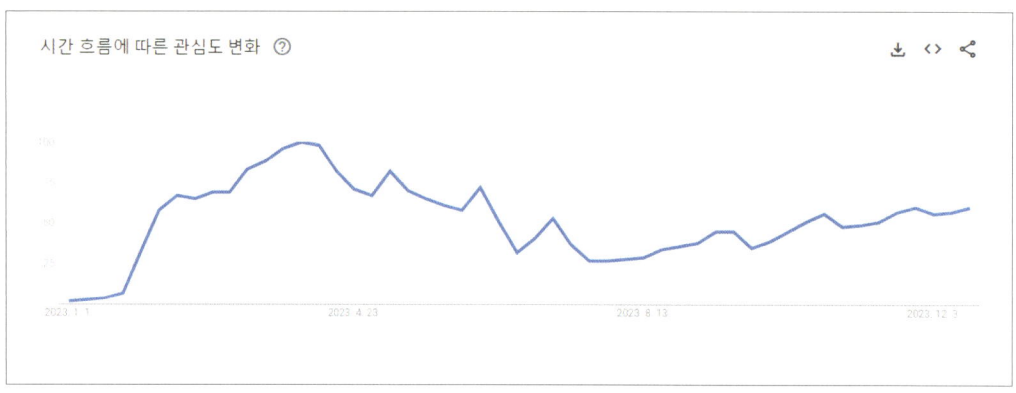

▲ 구글 트렌드 캡처(2023년 챗GPT 관심도)

챗GPT는 사용자가 인공지능에게 프롬프트라고 하는 명령어를 입력합니다. 프롬프트를 어떻게 입력하느냐에 따라 생성되는 결과물도 달라집니다. 챗GPT를 처음 사용하는 사용자는 다음의 간단한 프롬프트를 응용하여 연습할 수 있습니다.

간단한 프롬프트 예시
인공지능에 대해 알려 줘
인공지능에 대한 책을 쓰려고 하는데 책의 목차를 써 줘
인공지능 교육 만족도 조사 설문지를 만들어 줘
승진을 축하하는 축하 인사를 써 줘
인공지능이 발달한 2040년을 배경으로 하는 소설을 써 줘
사람과 인공지능을 비교하여 설명해 줘
(글을 제시하며) 다음 글을 요약해 줘

2 제미나이(Gemini)에 흡수된 바드(Bard)

OpenAI의 챗GPT 공개와 엄청난 인기에 맞서 구글도 인공지능 챗봇 서비스인 바드(Bard)를 공개하였습니다. 하지만 구글이 공개한 시연 영상에서 바드가 잘못된 대답을 내놓는 장면이 포함되어 있었습니다. 질문은 '제임스웹 우주 망원경의 새로운 발견에 대해 9살짜리 아이에게 어떻게 설명하면 좋을까?'이었고, 이에 대한 바드의 답변은 '제임스웹 우주 망원경은 최초로 태양계 밖 행성의 사진을 찍었습니다.'였습니다. 우주 망원경에 대해 잘 모르는 사람이라면 이 답변을 사실로 받아들였겠지만 바드의 답변은 사실이 아니었습니다. 미 항공우주국(NASA)에 따르면 유럽남방천문대(ESO)의 초거대 망원경(VLT)이 태양계 밖 행성의 사진을 찍은 최초의 우주 망원경이었습니다. 이와 같은 사실이 알려지자 구글의 모회사인 알파벳의 주가가 하루 만에 무려 7% 정도가 하락하기도 하였습니다.

이로부터 불과 몇 개월 흐른 2023년 12월 6일(현지 시간), 구글은 대규모 언어 모델(LLM)인 인공지능 '제미나이(Gemini) 1.0'을 공개하였습니다. 강력한 경쟁사인 OpenAI의 인공지능 모델인 'GPT4-터보'에 대항하기 위해 제미나이를 내놓은 것입니다. 그리고 2024년 2월, 구글 제미나이는 바드를 흡수하며 기능을 더욱 확장하였습니다. 이와 같이 치열해진 개발 경쟁에 따라 생성형 AI가 더 빠르고, 급격하게 발전하고 있습니다.

3 GPT-4o

2023년 초 전 세계인들의 입에 오르내렸던 챗GPT도 시간이 흐르며 다소 잠잠해졌습니다. 그리고 2024년 5월 14일(한국 시간), OpenAI는 한걸음 더 나아간 'GPT-4o'를 공개했고 사람들의 관심이 다시 높아졌습니다.

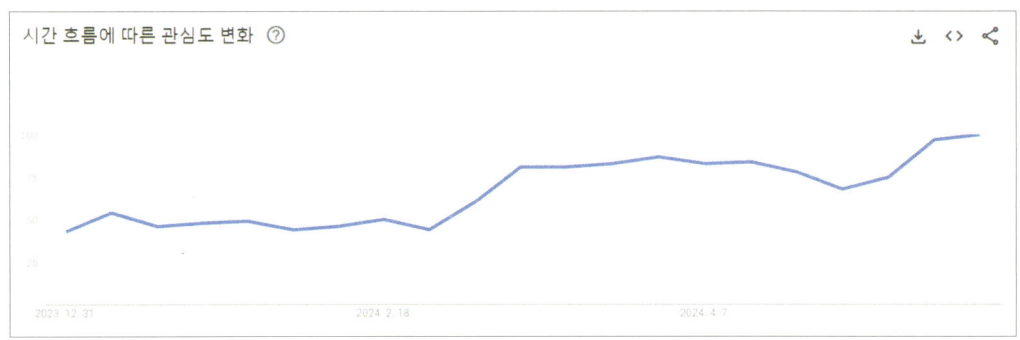

▲ 구글 트렌드(2024년 챗GPT 관심도, 2024년 5월 기준)

'GPT-4o'에서 알파벳 'o'는 'omni'의 앞글자로 '모든'이라는 의미를 가지고 있습니다. GPT-4o가 이전 버전과 눈에 띄게 달라진 점은 바로 '음성' 기능입니다. 오디오 입력에 대한 반응 속도가 빨라져 실시간으로 GPT-4o와 대화할 수 있습니다. 실제 사람 간의 대화에서 상대방의 응답 시간과 GPT-4o의 응답 시간이 비슷한 수준이었습니다. 또한 실시간 동시 통역도 가능해졌습니다.

▲ 유튜브 채널 'OpenAI'에서 동시 통역을 시연하는 영상

Lesson 3
인공지능을 활용한 이미지 생성

POINT 이미지를 생성하는 생성형 AI를 활용하여 직접 원하는 이미지를 만들어 보겠습니다.

1 달리(Dall·E) 3란?

달리(Dall·E) 3 챗GPT를 개발한 OpenAI 사에서 개발한 이미지 생성 AI입니다. 사용자가 텍스트 명령어를 입력하면 명령어를 분석하여 적절한 이미지를 생성하고 제시합니다. '달리(Dall·E) 3'라는 이름에서 알 수 있듯이 세 번째 버전이라고 할 수 있습니다. 2023년 12월 26일 기준으로 '달리(Dall·E) 3'는 챗GPT 유료 버전을 사용하는 사용자에게 제공되고 있지만 마이크로소프트 빙(Microsoft Bing)을 사용하면 무료로 '달리(Dall·E) 3' 기능을 활용하여 이미지를 생성할 수 있습니다.

2 이미지 생성하기 실습

❶ Microsoft Bing(https://www.bing.com/)에 접속하고, 로그인합니다. 상단에 있는 '채팅'에 들어갑니다.

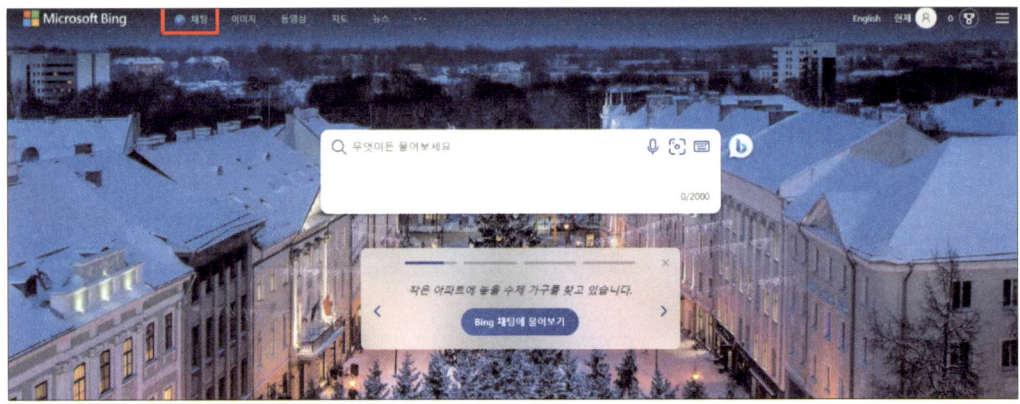

❷ 프롬프트를 입력하는 명령어 입력창에 원하는 이미지를 설명합니다.

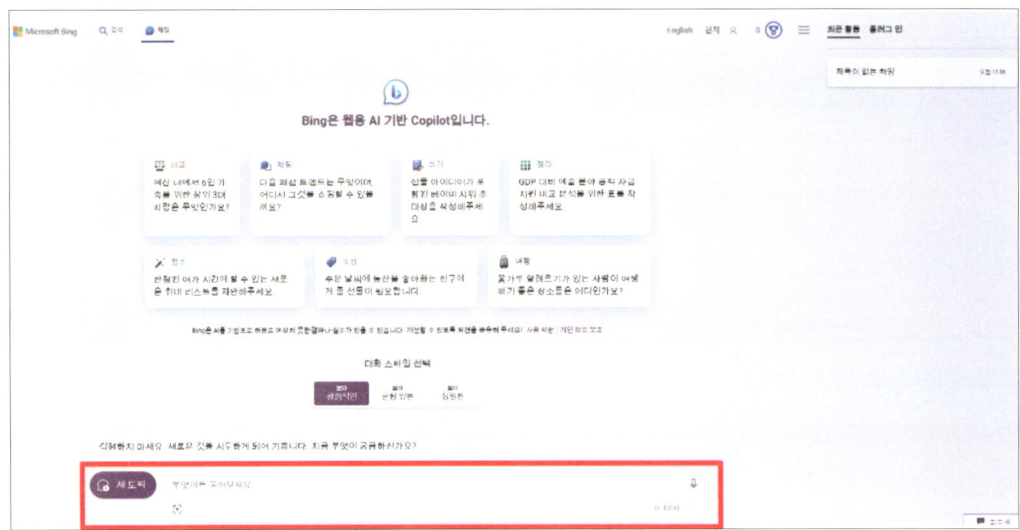

❸ 적절한 대화 스타일을 선택하고, '손흥민 선수가 우주에서 골을 넣는 장면을 그려줘. 손흥민의 유니폼에는 7번이 그려져 있어. 상대 선수들은 공룡이야.'라는 명령어를 입력하였습니다.

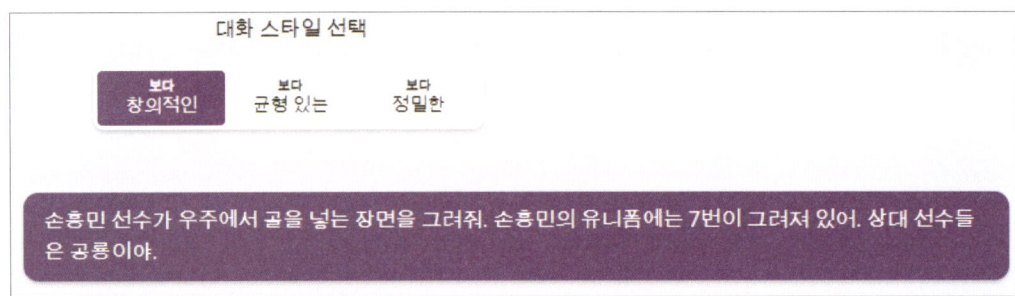

❹ 다음과 같이 이미지가 생성되고 있음을 알립니다. 이미지를 생성하는 데 시간이 걸리므로 기다립니다.

❺ 같은 명령어에 대해 4개의 이미지를 생성하여 제시합니다.

❻ 원하는 이미지를 클릭하면 공유 및 다운로드할 수 있습니다.

❼ 결과 이미지를 보고, 명령어를 수정하거나 추가로 명령을 입력하여 수정된 이미지를 제공받을 수도 있습니다.

Lesson 4
인공지능을 활용한 음악 생성

POINT 음악을 생성하는 생성형 AI를 활용하여 직접 원하는 음악을 만들어 보겠습니다.

1 'Suno'란

'Suno(https://www.suno.ai/)'란 인공지능 기술을 활용하여 음악을 생성하는 생성형 AI의 일종입니다. 자신이 만들고자 하는 곡에 대한 설명을 프롬프트에 입력하면 명령어에 맞게 적절한 음악을 생성합니다. 하루에 총 5번 무료로 음악을 생성할 수 있습니다.

2 음악 생성하기 실습

❶ 먼저 Suno 사이트에 접속합니다. 그리고 'Make a song'으로 들어갑니다.

❷ 'Trending' 화면에서는 다른 사람이 Suno를 활용하여 만든 곡들을 감상할 수 있습니다. 직접 음악을 생성하려면 좌측 'Create'로 들어갑니다.

❸ 음악 생성을 위해 로그인을 합니다.

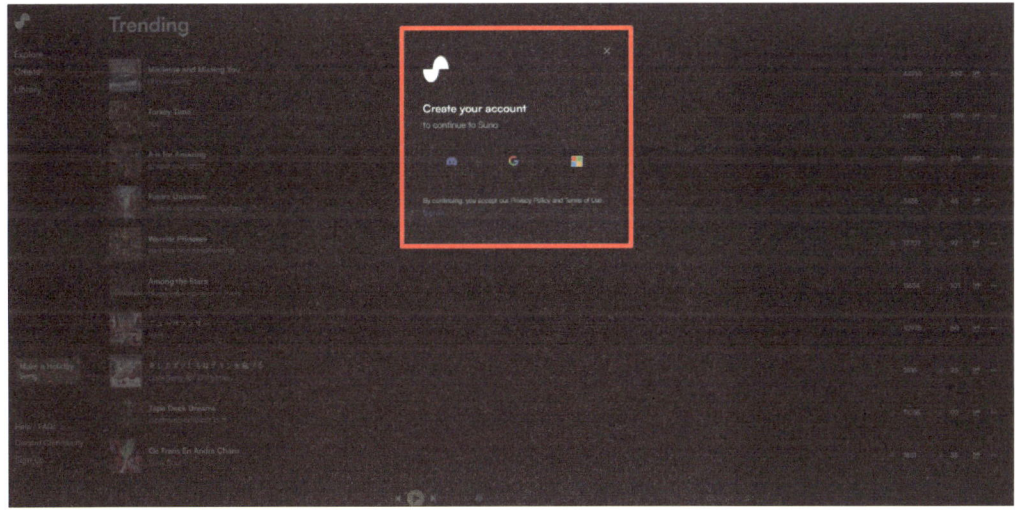

❹ 'Song Description'에 자신이 만들고자 하는 곡을 설명하여 명령합니다.

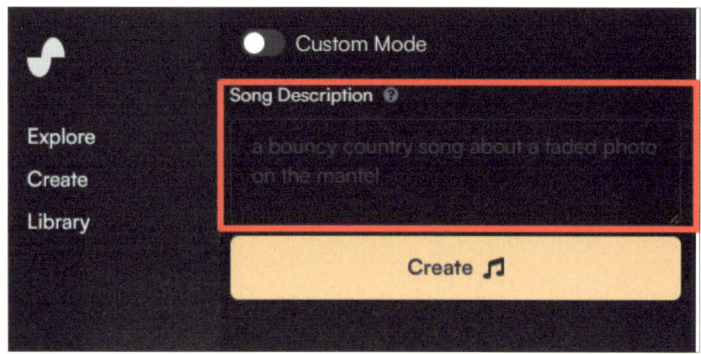

❺ 본 책에서는 '초등학교 졸업을 앞둔 학생들에게 졸업을 축하하며 밝은 미래를 응원하는 희망찬 곡을 만들어 줘'라는 명령어를 입력하였습니다. 명령어 입력 후 [CreateCreate] 버튼을 누르면 오른쪽에 서로 다른 2개의 곡이 생성됩니다.

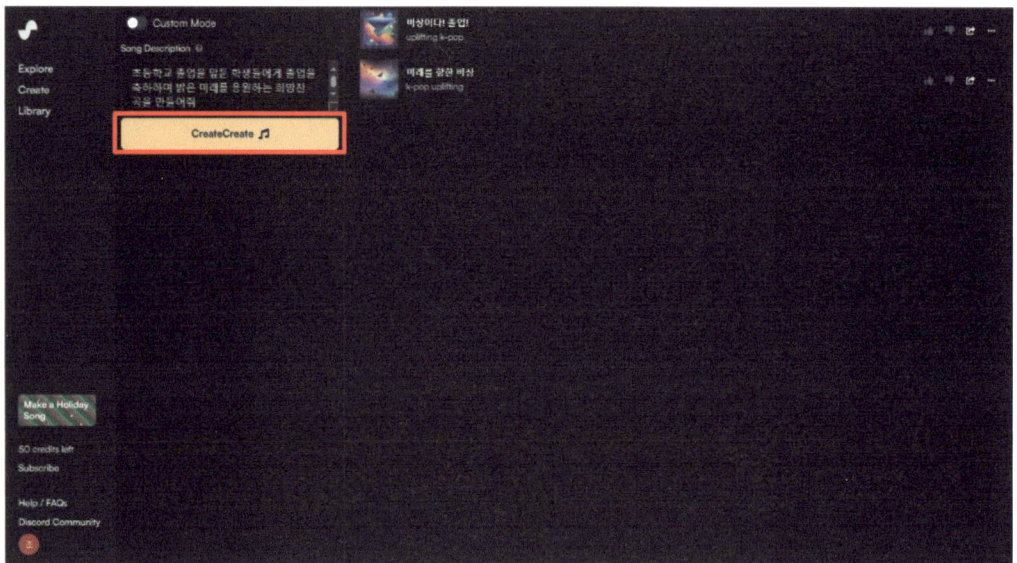

❻ 다음과 같이 명령에 맞게 제목과 가사, 앨범 커버 사진, 음악을 생성하여 재생해 볼 수 있습니다.

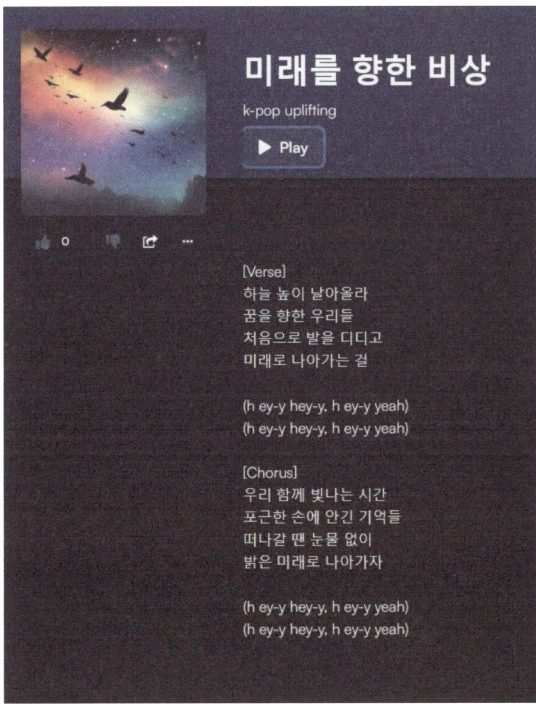

❼ 생성한 음악은 비디오 파일 또는 오디오 파일로 다운로드할 수 있습니다.

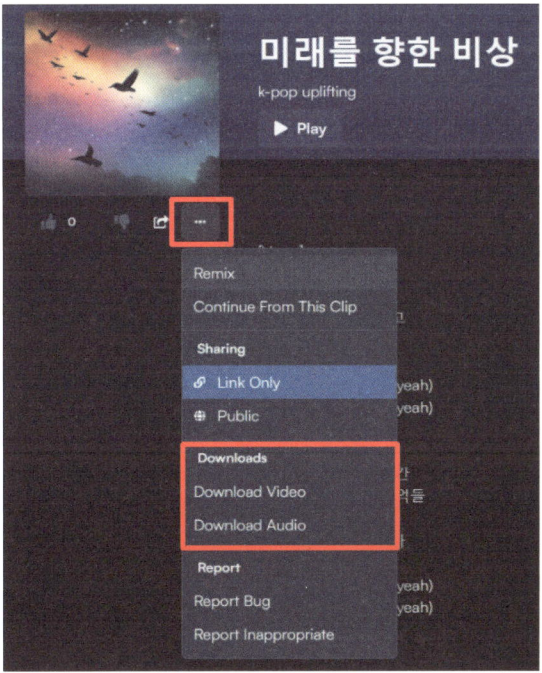

❽ 가사가 어색하거나 마음에 들지 않는 부분이 있다면 직접 가사를 입력할 수도 있습니다. 'Custom Mode'를 활성화하면 직접 가사, 음악 장르, 제목을 입력할 수 있습니다.

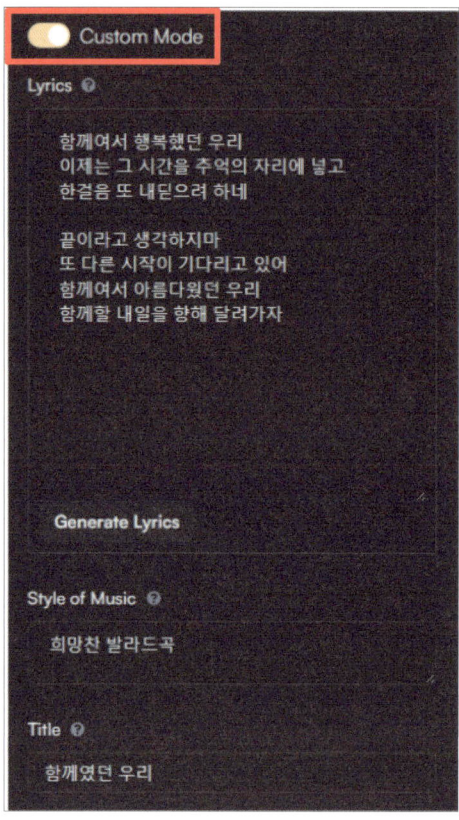

❾ 직접 입력한 가사와 제목에 맞게 음악을 생성합니다.

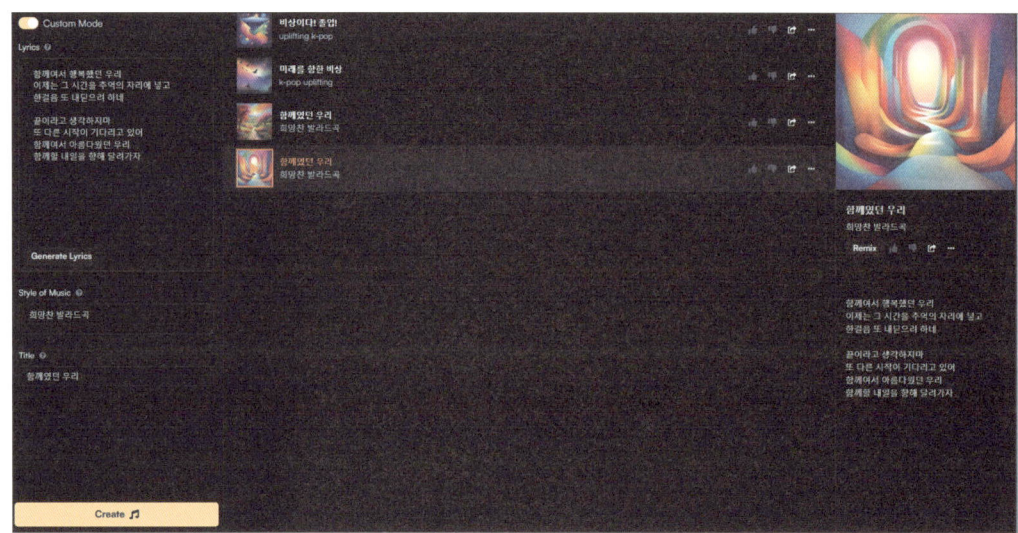

❿ 'Custom Mode'에서 가사 초안은 직접 입력하지만 이를 바탕으로 재생성할 수도 있습니다. [Generate Lyrics] 버튼을 활용하면 사용자가 입력한 가사를 토대로 Suno가 가사와 제목을 수정하여 제시합니다.

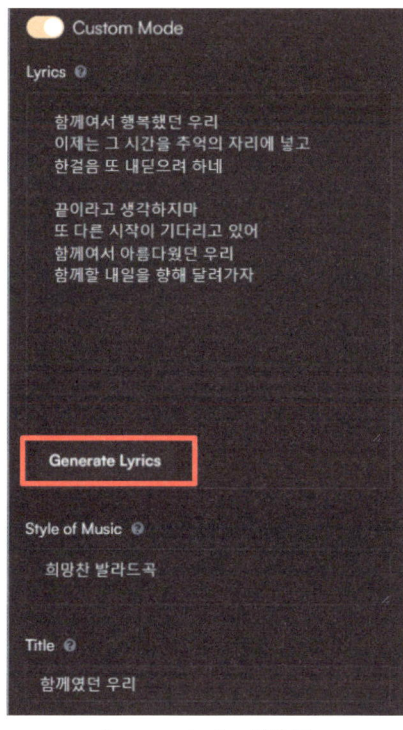
Generate Lyrics 적용 전

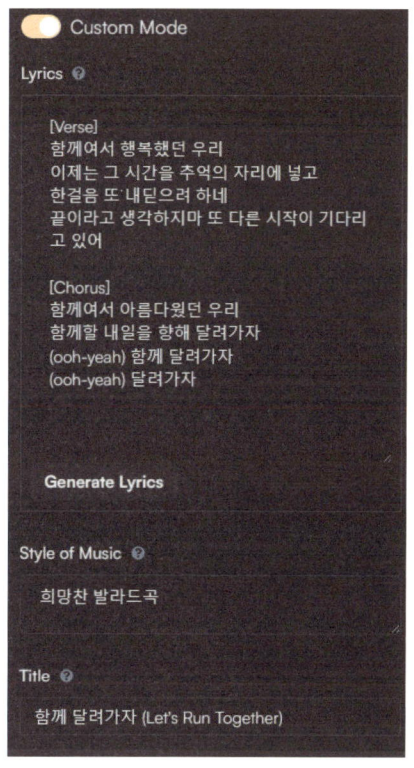
Generate Lyrics 적용 후

⓫ 마찬가지로 생성형 AI가 수정한 가사와 제목으로도 음악을 생성합니다.

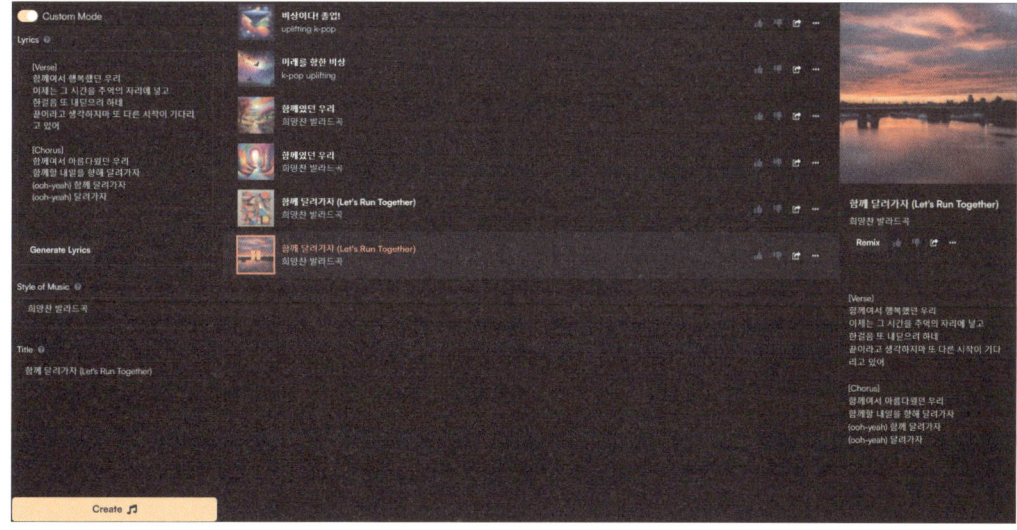

3 마이크로소프트 코파일럿을 활용한 음악 생성 실습

마이크로소프트 코파일럿 기능을 활용하여 음악을 생성할 수도 있습니다. 이 역시 음악 생성 인공지능인 수노(Suno)를 활용합니다. 마이크로소프트 코파일럿 기능을 활용할 때에도 하루 5번 음악 생성이 가능합니다.

❶ 먼저 'Microsoft Copilot(https://copilot.microsoft.com)'에 접속합니다. 그리고 로그인을 합니다.

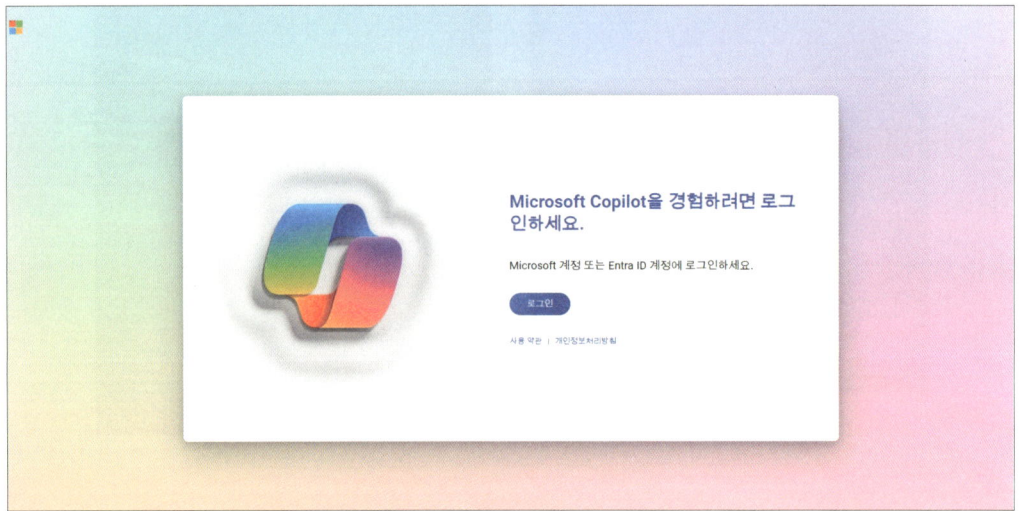

❷ 오른쪽 상단에 있는 [플러그 인]을 클릭합니다.

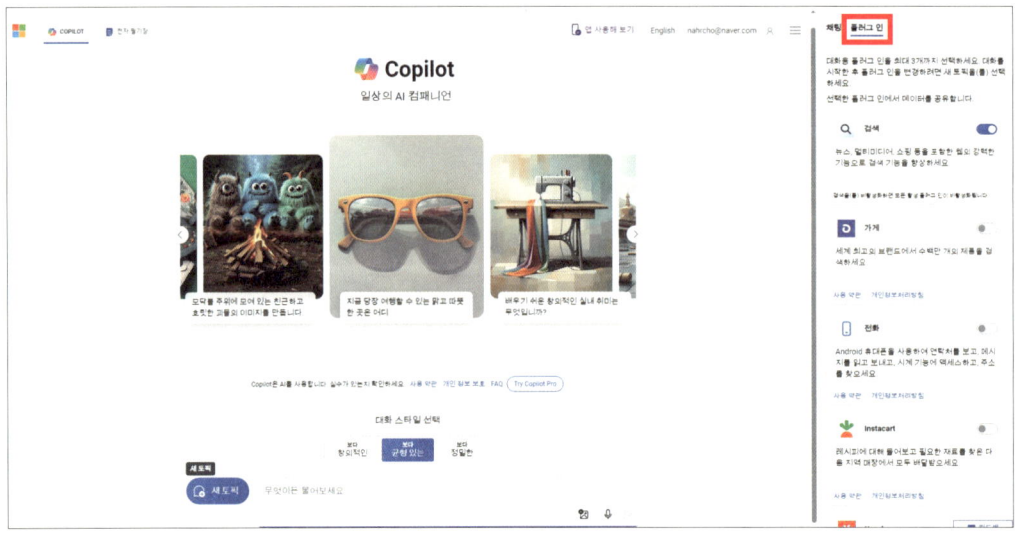

❸ 'Suno'를 활성화합니다.

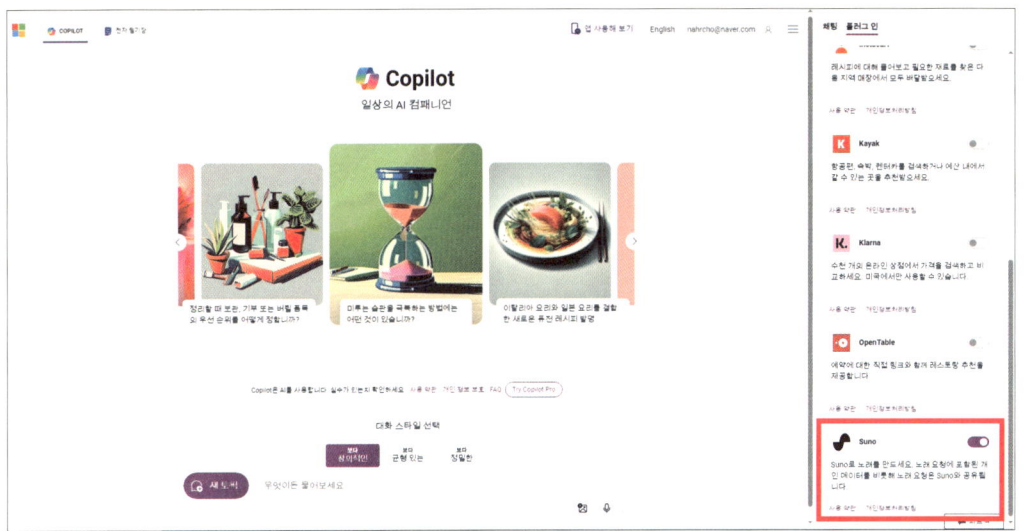

❹ 명령어 입력창 위에 '대화 스타일 선택' 기능이 있습니다. 음악을 창의적으로 생성해야 하므로 '보다 창의적인' 스타일을 선택하여 보겠습니다.

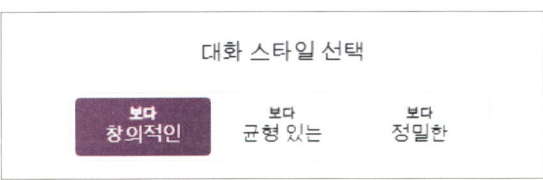

❺ 앞에서와 마찬가지로 '초등학교 졸업을 앞둔 학생들에게 졸업을 축하하며 밝은 미래를 응원하는 희망찬 곡을 만들어 줘'라는 명령어를 입력합니다.

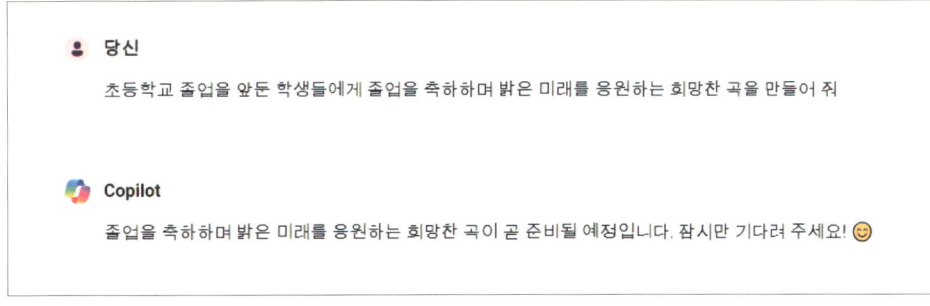

❻ 기다리면 명령어에 맞게 음악을 생성하여 제시합니다. 마이크로소프트 코파일럿에서 생성한 음악은 다운로드할 수는 없고, 링크를 공유할 수 있습니다.

❼ 생성한 음악을 공유할 수도 있습니다. 다음의 QR 코드를 통해 졸업을 앞둔 초등학생들에게 들려주는 곡을 감상하실 수 있습니다.

 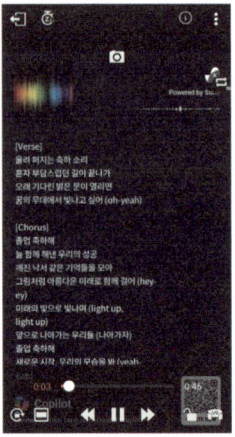

Lesson 5
인공지능을 활용한 영상 생성

POINT 영상을 생성하는 생성형 AI를 활용하여 직접 원하는 영상을 만들어 보겠습니다.

1 'Haiper AI'란

'Haiper AI(https://haiper.ai/)'란 인공지능 기술을 활용하여 영상을 생성하는 생성형 AI입니다. 텍스트, 이미지, 영상을 입력하면 입력한 데이터를 바탕으로 영상을 생성합니다.

2 영상 생성하기 실습

❶ 먼저 Haiper AI 사이트에 접속합니다. 그리고 영상 생성을 위해 로그인을 합니다.

❷ 3가지 선택이 있습니다. 첫 번째는 텍스트를 영상으로, 두 번째는 이미지를 영상으로, 마지막은 영상을 영상으로 생성할 수 있습니다. 이번 실습에서는 텍스트를 영상으로 생성해 보겠습니다.

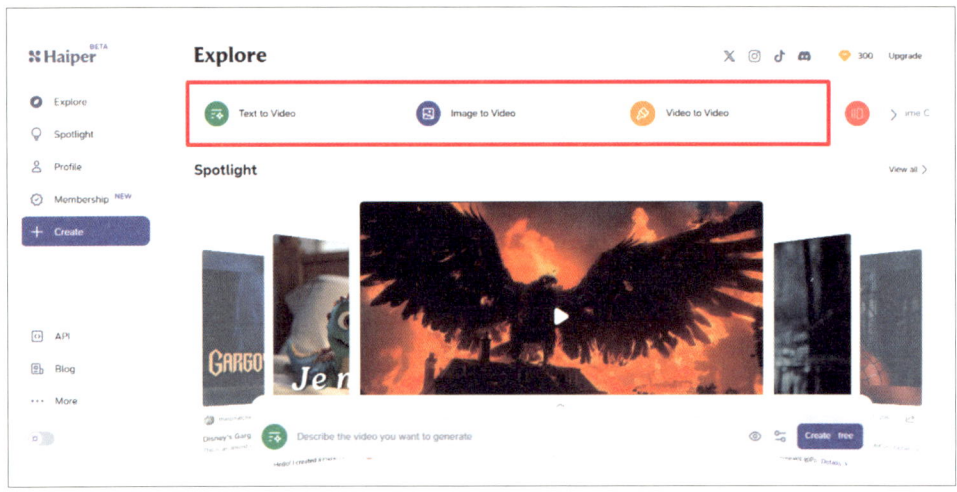

❸ 원하는 영상에 대한 설명을 텍스트로 입력합니다. 텍스트를 입력할 때에는 한글이 아닌 영어로 입력해야 텍스트에 맞는 영상을 생성합니다. '높은 빌딩 사이에서 기타를 치고 있는 개구리'의 모습을 영상으로 만들기 위해 'A frog playing a guitar between tall buildings'라고 입력하고 [Create] 버튼을 누릅니다.

❹ 텍스트 입력 시 영상에서 나타내고 싶은 효과를 선택할 수도 있습니다.

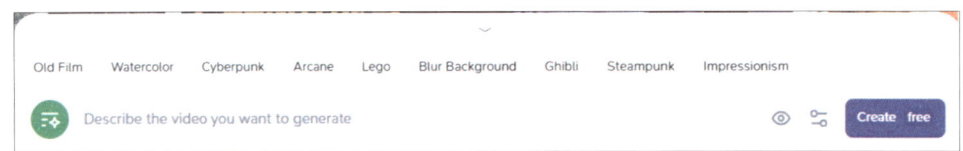

❺ 영상을 생성하고 있습니다.

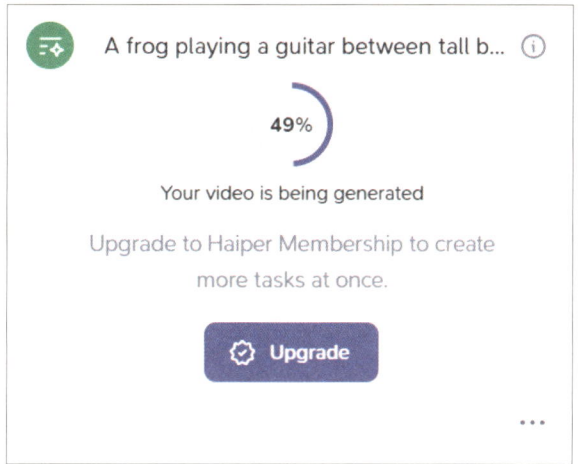

❻ 시간이 흐르면 완성된 영상을 보여줍니다. 결과물을 확인하고, 다시 생성 또는 프롬프트를 재입력할 수 있습니다. 생성된 영상은 다운로드할 수 있지만 무료 버전에서는 워터마크가 표시됩니다.

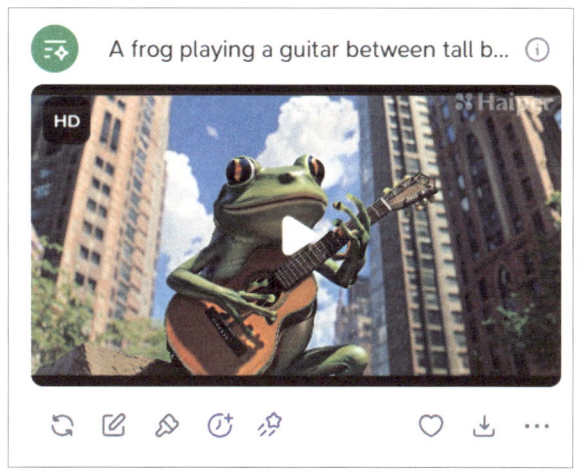

Chapter 7

메타버스, 가상 현실, 디지털 트윈

Lesson 1 가상 현실
Lesson 2 메타버스
Lesson 3 디지털 트윈

Lesson 1
가상 현실

POINT 디지털 기술의 발달로 우리가 접하는 공간이 물리적인 공간에서 가상의 공간까지 확장되고 있습니다. 먼저 가상 현실에 대해 알아보겠습니다.

1 가상 현실의 개념

가상 현실(VR, Virtual Reality)은 컴퓨터 등의 기술을 이용하여 만든, 실제와 유사하지만 실제는 아닌 환경(공간) 또는 기술을 의미합니다. 가상 현실에서 사용자는 VR 헤드셋과 같은 여러 가지 기기를 활용하여 오감의 자극을 느낄 수 있습니다. 따라서 실제처럼 느껴지는 공간적, 시간적 체험이 가능합니다.

그리고레 부르데아(Grigore Burdea)는 가상 현실을 제대로 구현하려면 몰입감(Immersion), 상호 작용(Interaction), 가상 이미지(Imagination, 가상 환경)라는 3개의 I가 필요하다고 하였습니다. 먼저 사용자가 가상의 환경에 몰입할 수 있도록 시각, 청각적인 요소들의 수준을 높입니다. 다음으로 사용자가 가상의 환경에서 가상의 개체를 자연스럽게 조작 및 제어할 수 있어야 합니다. 이러한 상호작용이 잘 이루어지도록 햅틱 장비, 동작 인식 센서 등을 개발하고 활용합니다. 마지막으로 사용자가 현실을 넘어서는 가상의 경험에 참여할 수 있도록 가상 환경을 구성해야 합니다. 현실에서 경험할 수 없는 우주와 같은 환경, 현실과 다른 캐릭터의 체험(영웅, 탐험가 등) 또는 선박 침몰 사고 시 대응이라는 실제 시나리오를 시뮬레이션 하는 등의 가상 환경을 구성할 수 있습니다.

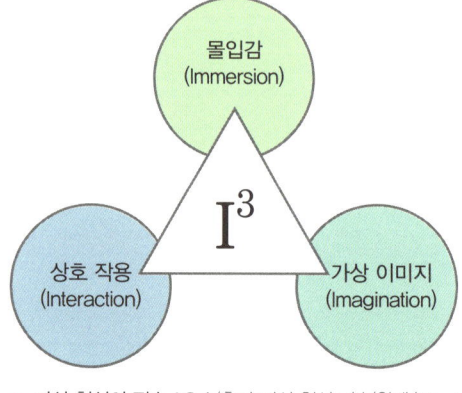

▲ 가상 현실의 필수 3요소(출처: 가상 현실 기술(원제 'Virtual Reality Technology', 그리고레 부르데아, 1994)

> **여기서 잠깐**
>
> 기술의 발달로 VR과 AR의 경계가 모호해지면서 혼합 현실(MR, Mixed Reality)의 개념이 등장하였습니다. MR은 VR과 AR(Augmented Reality, 증강 현실) 기술을 모두 포함하는 기술이라고 할 수 있습니다.

수준 높은 가상 현실 구현을 위해서는 컴퓨터 그래픽 기술, 네트워크 통신 기술, HMD와 같은 입출력 장치들이 필요합니다. 그중 현실성을 높이기 위한 그래픽 기술의 요소로는 해상도, 모델링, 렌더링 3가지를 들 수 있습니다.

■ 해상도

해상도(Resolution)는 출력되는 이미지의 선명한 정도를 의미합니다. 픽셀이라는 단위로 해상도를 표현하며 해상도가 높을수록 더욱 선명하지만 더 높은 컴퓨터의 처리 능력이 필요합니다.

■ 모델링

모델링(Modeling)이란 컴퓨터 그래픽으로 표현할 3D 형상의 기본 골격을 만드는 과정입니다. 건축 설계 또는 게임 분야에서는 모델링을 할 때에 모든 물체의 면을 폴리곤으로 처리합니다. 폴리곤이란 3D 형상을 구성하는 기본 단위로 삼각형 모양을 말합니다. 다음과 같이 사용된 폴리곤의 수가 늘어날수록 3D 형상은 실제의 모습과 유사해집니다. 다만 용량이 늘어나고, 처리할 계산이 많으므로 더 높은 컴퓨터의 처리 능력이 필요합니다.

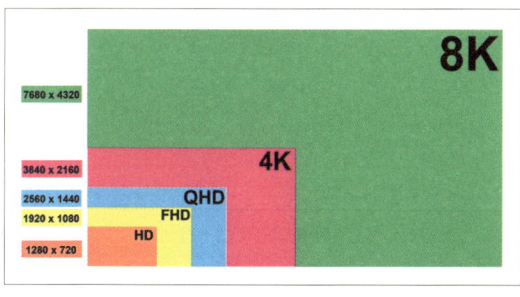

▲ 화면 해상도 비교 차트 정보

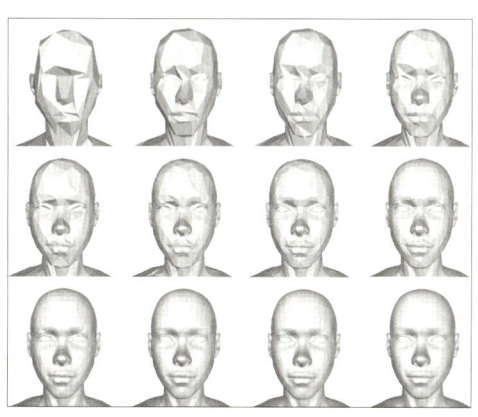

▲ 폴리곤의 수에 따라 변하는 3D 형상의 모습

■ 렌더링

모델링 과정에서 만든 3D 형상의 기본 골격의 표면을 처리하는 과정입니다. 렌더링(Rendering) 과정을 통하여 3D 형상의 재질, 형상 주변의 조명 등을 설정하여 실제와 비슷한 질감으로 보이도록 만듭니다.

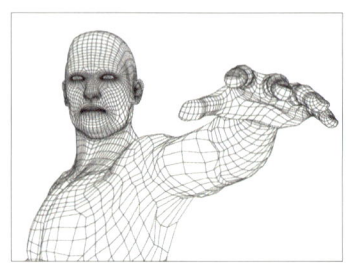

2 HMD

HMD(Head Mounted Display)는 마치 안경과 같이 머리에 장착하여 눈으로 영상을 볼 수 있는 디스플레이 장치입니다. 최초의 HMD는 1968년 이반 에드워드 서덜랜드(Ivan Edward Sutherland)에 의해 등장합니다. HMD는 주로 VR, AR 또는 MR 구현을 위한 장치로 사용됩니다. 여기에서는 VR 또는 MR 구현을 위한 최신(2023년 발표) HMD를 소개하겠습니다.

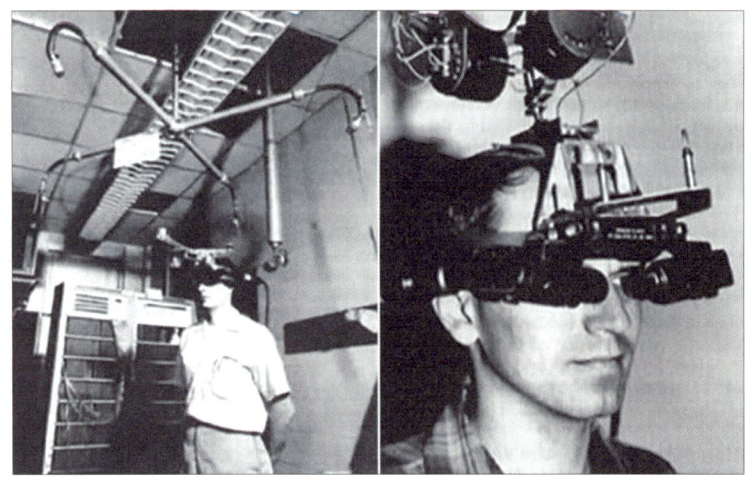

▲ 최초의 HMD인 '다모클레스의 검(Sword of Damocles)'(출처: https://news.skhynix.co.kr/post/pioneer-of-computer-graphics-technology)

HMD인 VR 헤드셋은 여러 대기업에서 관심을 갖고 개발하고 있습니다. 미국의 기업 메타는 VR 기기 제조사 '오큘러스(Oculus)'를 인수한 이후 전 세계 VR 시장의 많은 부분을 차지하고 있습니다. 2023년 6월 2일(현지 시간) 메타는 신형 VR 기기인 '메타 퀘스트 3'를 발표하였습니다.

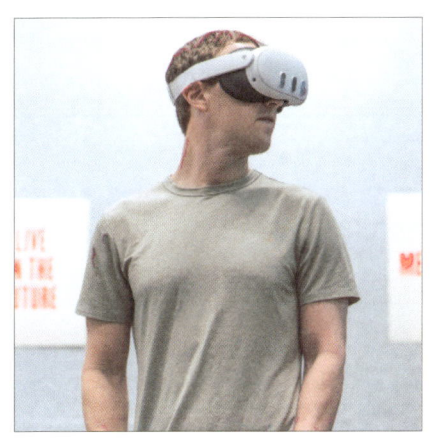

▲ 메타 퀘스트 3를 착용하고 있는 메타 CEO 마크 저커버그(출처: 마크 저커버그 페이스북)

    메타의 '메타 퀘스트 3' 발표가 있고 며칠 후, 애플은 세계 개발자 컨퍼런스(WWDC 2023)에서 자신들의 첫 MR 헤드셋인 '애플 비전 프로(Apple Vision Pro)'를 발표하였습니다. 애플 비전 프로를 발표하며 애플의 CEO인 팀 쿡은 "맥이 개인 컴퓨터를, 아이폰이 모바일 컴퓨팅의 시대를 열었던 것처럼 애플 비전 프로는 공간 컴퓨팅을 선보이게 되었다."라고 설명하였습니다. 애플 비전 프로는 기존 타사 제품에서 별도의 컨트롤러의 버튼을 누르는 동작과 달리 별도의 컨트롤러 없이 원하는 곳을 바라보며 엄지와 검지를 꼬집는 모션만으로도 구현이 가능하다고 소개하였습니다. 또한 검색창을 바라보며 말을 하면 음성을 인식하여 사용자가 한 말을 받아쓰기도 합니다.

▲ 애플 비전 프로를 착용한 모습
(출처: 애플 공식 홈페이지)

▲ 애플 비전 프로를 활용하는 모습(출처: 애플 공식 홈페이지)

3 가상 현실 활용 사례

가상 현실은 게임, 군사 훈련 및 여러 분야에서 많이 활용되고 있습니다. 뿐만 아니라 MBC에서는 VR 휴먼 다큐멘터리로 〈너를 만났다〉라는 프로그램을 제작하여 방영하기도 하였습니다. 2020년 시즌 1에서는 엄마가 세상을 떠난 딸을, 다음 해 시즌 2에서는 남편이 세상을 떠난 아내를 VR을 활용하여 만나는 모습을 보여 주어 많은 시청자들의 심금을 울리기도 하였습니다.

▲ MBC VR 휴먼 다큐멘터리 〈너를 만났다〉 시즌 2 중 일부(출처: 유튜브 'MBClife')

Lesson 2
메타버스

POINT 새롭게 열린 세상, 메타버스에 대해 알아보겠습니다.

1 메타버스의 개념

코로나19가 우리의 생활 모습을 언택트(Untact)로 바꾸면서 대중들은 여러 가지 기술에 집중하였습니다. 그중 하나가 바로 메타버스(Metaverse)입니다. 메타버스란 추상 또는 초월을 의미하는 '메타(Meta)'와 현실 세계를 의미하는 '유니버스(Universe)'의 합성어입니다. 이 용어는 닐 스티븐슨(Neal Stephenson)이 1992년에 출간한 공상 과학 소설 『스노 크래시(Snow Crash)』에서 등장하였습니다. 소설에서 주인공은 가상의 아바타를 통하여 가상 세계로 들어설 수 있는데 이를 메타버스라고 칭하였습니다.

메타버스에 대한 명확한 정의는 아직 확립되지 않았습니다. 하지만 메타버스에 대한 여러 학자와 기관의 정의를 살펴보면 메타버스가 무엇을 의미하는지 알 수 있습니다. 대한민국 4차 산업혁명 페스티벌에서 심임보(동아대학교 교수)는 메타버스를 '가상 자아인 아바타를 통해 경제, 사회, 문화, 정치 활동을 이어가는 4차원 가상 시공간'이라고 정의하였습니다. 또한 미국의 비영리 기술 연구 단체인 ASF(Acceleration Studies Foundation)는 메타버스를 '가상적으로 향상된 물리적 현실과 물리적으로 영구적인 가상 공간의 융합'이라고 정의하였습니다.

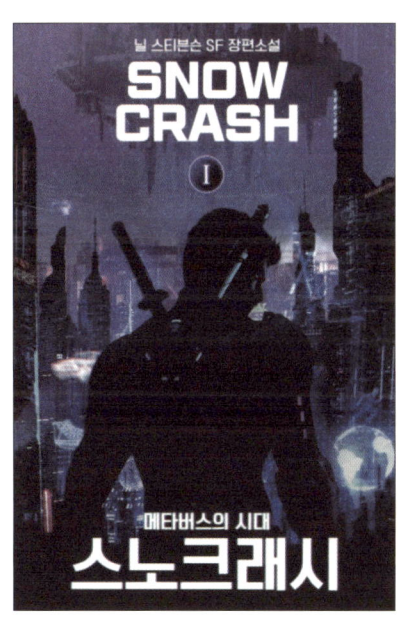

▲ 『스노크래시 1: 메타버스의 시대』 개정판 표지
(출처: 예스24)

> **여기서 잠깐**
>
> 시각적으로 한 단계 더 뛰어난 메타버스를 구현하기 위해 필요한 기술이 대표적으로 VR 기술입니다. 즉 메타버스는 VR을 하위 분류로 포함하는 넓은 개념입니다.

2 영화 속 메타버스

■ 레디 플레이어 원

영화계의 거장 스티븐 스필버그의 2018년도 작품 〈레디 플레이어 원(Ready Player One, 2018)〉은 2045년을 배경으로 합니다. 영화에서 2045년의 현실 세계는 빈부격차가 극심해져 많은 사람들이 자신의 삶을 포기한 채로 가상 현실 세계인 '오아시스(Oasis)'에서 많은 시간을 보내고 있습니다. 주인공인 웨이드 와츠도 마찬가지의 삶을 살고 있습니다. 그러던 어느 날 오아시스를 만든 천재 개발자, 제임스 할리데이가 5년 전 죽으며 남긴 유언이 공개됩니다. 유언의 내용은 바로 오아시스 속에 숨겨둔 3개의 미션을 완수하여 열쇠를 얻은 사람에게 오아시스의 소유권과 할리데이가 쌓은 부를 상속한다는 것이었습니다. 이에 웨이드도 우승을 차지하기 위해 나아가게 되고, 우승을 노리는 거대 기업 'IOI'와 갈등하는 이야기를 영화는 풀어내고 있습니다.

◀ 영화에서 현실 세계의 주인공 모습
(출처: 〈레디 플레이어 원〉 예고편)

◀ 영화에서 가상 현실의 주인공 모습
(출처: 〈레디 플레이어 원〉 예고편)

- **매트릭스**

 날아오는 총알을 림보 자세로 피하는 장면이 유명했던 영화 〈매트릭스(Matrix, 1999)〉에서 주인공 네오는 모피어스라는 자로부터 온 연락을 통하여 자신이 살고 있는 세계는 현실이 아닌 가상 세계라는 것을 알게 됩니다. 그 가상 세계의 이름이 바로 '매트릭스(Matrix)'입니다. 매트릭스에서는 요원의 모습을 한 인공지능들이 그곳을 감시하고 있습니다. 매트릭스에서 인류를 구하기 위해 네오와 동료들이 고군분투하는 모습을 영화는 그려내고 있습니다. 영화에서 등장한 매트릭스는 이곳이 현실인지 가상 세계인지 구분하지 못할 만큼 높은 수준의 메타버스라고 할 수 있습니다.

▲ 영화 〈매트릭스〉에서 주인공 네오가 총알을 피하는 장면(출처: 영화 〈매트릭스〉)

3 메타버스의 유형

 기술 연구 단체인 ASF(Acceleration Studies Foundation)는 메타버스를 4가지 유형으로 분류하였습니다. 분류의 첫 번째 기준은 현실 세계에 가상의 세계를 투영하는 증강과 완전한 디지털 세상을 구현하는 시뮬레이션이라는 메타버스의 구현 방법입니다. 두 번째 기준은 사용자의 측면에서 '어디에 집중하는가?'입니다. 내적인 것인 사용자 자신에 집중할 수 있고, 외적인 것인 주변 환경에 집중할 수 있습니다. 이러한 기준으로 메타버스는 다음과 같이 증강 현실(Augmented Reality), 라이프로깅(Lifelogging), 거울 세계(Mirror Worlds), 가상 세계(Virtual Worlds)로 분류할 수 있습니다.

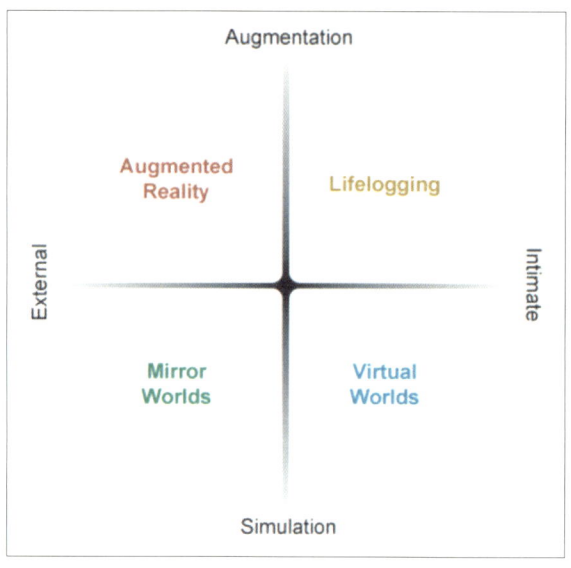

▲ 메타버스의 4가지 유형(ASF 제시)(출처: ASF의 메타버스 로드맵)

■ 증강 현실

줄여서 AR로도 부르는 증강 현실(Augmented Reality)은 현실 공간에 가상의 정보(이미지와 같은)를 입히는 기술을 의미합니다. 한동안 유행했던 게임 〈포켓몬고〉를 떠올리면 증강 현실을 쉽게 이해할 수 있습니다. 〈포켓몬고〉에서 게임 유저들은 카메라 기능을 이용하여 현실 공간을 디지털 기기의 액정에서 볼 수 있습니다. 이때 가상의 정보인 포켓몬 이미지가 현실 공간에 입혀집니다. 그래서 디지털 기기의 액정에는 현실 공간 위에 포켓몬이 합쳐진 모습을 나타내게 됩니다. 게임 유저들은 게임 속 화면을 보며 마치 내 앞에 포켓몬이 나타난 것처럼 느낄 수 있습니다.

〈포켓몬고〉와 같이 휴대폰을 이용하여 증강 현실을 체험할 수도 있지만 AR 글래스를 활용하여 AR을 경험할 수도 있습니다. 구글, 애플 등의 기업들이 AR 글래스에 관심을 갖고 있습니다. 2023년도 CES에서는 중국의 기업 TCL에서 만든 AR 글래스 'RayNeo X2'를 선보이기도 하였습니다.

▲ 〈포켓몬고〉 이미지(출처: 포켓몬고)

▲ CES 2023에서 선보인 TCL의 AR 글래스 'RayNeo X2'(출처: 유튜브 'TCL Mobile')

■ 라이프로깅

라이프로깅(Lifelogging)이란 일상생활을 기록한다는 의미로 사람의 경험과 정보를 저장하는 것을 의미합니다. 사진 또는 글과 같이 사용자가 직접 정보를 저장하기도 하고, GPS 또는 각종 센서 등을 활용하여 위치 정보, 생체 정보 등을 자동으로 저장하기도 합니다. 라이프로깅 메타버스의 대표적인 예는 우리가 사용하는 인스타그램, 페이스북, 카카오톡과 같은 소셜 미디어라고 할 수 있습니다. 소셜 미디어에서 자신의 많은 모습 중 다른 사람들에게 보여 주고 싶은 모습만 골라 공유할 수 있는 점이 라이프로깅 메타버스의 특징이라고 할 수 있습니다.

▲ 인스타그램 로고   ▲ 페이스북 로고   ▲ 카카오톡 로고

■ 거울 세계

거울은 거울에 비친 모습과 똑같은 모습을 보여 줍니다. 실제 세계를 가상 공간에 그대로 구현한 것이 바로 거울 세계(Mirror Worlds)입니다. 대표적인 예로는 구글이 제공하는 '구글 어스(Google Earth)'가 있습니다.

■ 가상 세계

가상 세계(Virtual Worlds)는 메타버스의 4가지 유형 중 가장 친숙한 메타버스입니다. 현실에 존재하지 않는 새로운 세계를 구축하는 것입니다. 대표적인 예로는 〈포트나이트〉, 〈마인크래프트〉 등과 같은 온라인 게임과 커뮤니티의 특성이 강한 〈세컨드 라이프〉 등이 있습니다.

▲ 〈포트나이트〉 소개 영상(출처: 유튜브 'Fortnite KR')

4 메타버스 동향

메타버스는 2021년, 2022년을 뜨겁게 달구었던 디지털 트렌드 중 하나였습니다. 이를 증명이라도 하듯 2021년 10월, 세계적인 기업 페이스북은 사명을 '메타(Meta)'로 변경하였습니다. 페이스북(구)의 CEO 마크 저커버그(Mark Zuckerberg)는 메타로 사명을 변경하면서 메타버스는 새로운 미래가 될 것이고, 메타버스가 회사의 최우선 사업이라고 밝혔습니다.

▲ 메타의 새로운 로고.

하지만 사람들이 코로나19 이전의 일상으로 점점 돌아가면서 메타버스에 대한 대중들의 관심은 급격하게 감소하였습니다. 기업의 메타버스에 대한 관심 역시 감소하였고, 이는 기업의 여러 가지 변화에서도 확인할 수 있습니다. 세계적인 IT 기업 마이크로소프트(MS)는 2023년 1월 메타버스 팀의 해체를 발표하였습니다. 또한 월트디즈니는 2023년 3월, 2022년 2월부터 운영하던 메타버스 전략 부서를 해체하며 소속된 직원 약 50명을 해고하였습니다.

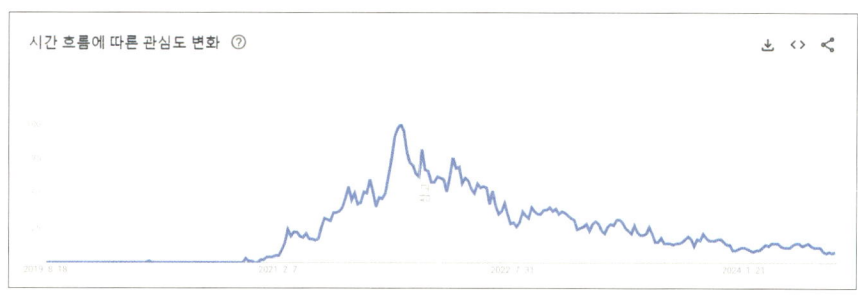

▲ 2024년 8월 기준, 지난 5년 동안의 '메타버스'에 대한 관심도(출처: 구글 트렌드)

    2023년 5월에는 미국의 경제 전문지인 《인사이더》에 'RIP Metaverse(메타버스의 명복을 빕니다.)'라는 제목의 칼럼이 게재되기도 하였습니다. 이 칼럼을 접한 에픽게임즈의 CEO 팀 스위니(Tim Sweeney)는 〈포트나이트〉, 〈마인크래프트〉, 〈로블록스〉 등의 메타버스 서비스를 즐기는 6억 명에 달하는 사용자들에게 온라인 추도식을 열어 메타버스를 애도하자고 자신의 소셜 미디어 계정에 글을 쓰기도 하였습니다. 이는 월 6억 명에 달하는 사용자들이 메타버스 서비스를 이용하고 있고, 메타버스는 아직 건재하다며 'RIP Metaverse' 칼럼을 반박한 것입니다.

▲ 팀 스위니가 본인의 트위터 계정에 올린 글(출처: 팀 스위니 트위터 계정)

    메타버스에 대한 대중과 기업의 관심이 줄어든 것은 사실이지만 여전히 많은 기업들이 메타버스를 미래가 밝은 기술로 여기고 여러 가지 시도들을 계속하고 있습니다. 매년 미국에서는 CES(국제전자제품박람회)라고 불리는 세계 최대의 전자제품 전시회가 열리는데 2023년 CES에서도 키워드 중 하나로 메타버스를 제시하며 여러 기업들이 구축한 메타버스를 소개하였습니다.

　2021년과 2022년에 비하면 메타버스의 바람이 약해진 것은 사실이지만 아직도 메타버스는 주목해야 할 디지털 트렌드 중 하나입니다. 미국의 IT 분야 리서치 기관인 가트너(Gartner)는 2023년 10대 기술 트렌드 중 하나로 메타버스를 지목하였습니다. 메타버스를 효과적으로 사용하는 조직은 새로운 수익을 창출하고 새로운 시장을 만들어 낼 것으로 전망하였습니다.

▲ 가트너 선정 2023 10대 전략 기술 트렌드(출처: gartner.com)

Lesson 3
디지털 트윈

POINT 디지털에 쌍둥이가 있다는 것은 무엇을 의미할까요? 디지털 트윈이란 무엇인지 알아보겠습니다.

1 디지털 트윈의 개념

트윈(Twin)은 쌍둥이를 의미합니다. 그렇다면 디지털 트윈(Digital Twin)은 무엇을 의미할까요? 디지털 쌍둥이, 즉 현실 세계에 있는 기계, 사물, 장비, 환경 등을 디지털, 가상의 세계로 복제하여 나타낸 것을 말합니다. 복제로 끝나지 않고, 실시간으로 연결되어 동작하게 만든 것입니다.

디지털 트윈은 마이클 그리브스(Michael Grieves) 박사가 처음 제안한 개념으로 2010년 나사(NASA)에서 해당 개념을 '디지털 트윈'으로 명명한 이후 달 착륙 시 우주비행사들에게 발생할 수 있는 문제들을 시뮬레이션 하는 등 직접 활용하였습니다. 이후 제너럴 일렉트릭(GE)이 자신들이 만드는 제품에 디지털 트윈을 적용하면서 널리 알려지게 되었습니다.

디지털 트윈 기술을 적용하면 실제로 발생할 수 있는 여러 상황을 디지털 쌍둥이에서 적용해 볼 수 있습니다. 이러한 과정을 통하여 결과를 예측하고 발생할 수 있는 여러 문제들을 해결합니다. 이러한 디지털 트윈은 제조업, 건설, 항공, 의료, 국방, 스마트 시티, 자동차 등 다양한 산업 분야에서 활용됩니다.

디지털 트윈의 구조

▲ 디지털 트윈의 구조(출처: 국토교통부)

> **여기서 잠깐**
>
> 디지털 트윈은 메타버스가 가상의 세계 운영에 중점을 두는 것과 달리 현실 세계와 디지털 세계를 함께 동작시키는 데 중점을 둡니다.

2 디지털 트윈 관련 기술

 디지털 트윈이 갑자기 주목을 받게된 이유는 무엇일까요? 바로 IoT(사물인터넷)의 발달 때문입니다. 사물인터넷 센서를 활용하여 얻는 데이터를 전달하여 현실 세계와 디지털 세계를 즉시 연결할 수 있습니다.

 디지털 트윈이 사물인터넷의 발달로 주목을 받았지만 사물인터넷 기술만 관련이 있는 것이 아닙니다. 실제 디지털 트윈이 작동하려면 많은 기술들이 필요합니다. VR, AR, 클라우드, 블록체인, 빅데이터, 인공지능 등의 기술이 활용됩니다. 특히 사물인터넷 센서를 통하여 얻고, 전달한 데이터를 인공지능으로 분석 및 처리하여 디지털 트윈을 구축한 현실 세계의 성능을 최적화시키거나 유지 관리하는 데 도움을 줄 수 있습니다.

분야	활용 기술
제조업	시뮬레이션, 센서, 분석(Analytics), AI, VR, AR, 클라우드, CPS, 블록체인, 시각화(Visualization), 최적화(Optimization), 빅데이터, 전이 학습(Transfer Learning)
스마트 시티	시뮬레이션, AI, VR, AR, 클라우드, 시각화, 센서 온톨로지(Sensor Ontology, 존재하는 사물과 사물 간의 관계 및 여러 개념을 컴퓨터가 처리할 수 있는 형태로 표현하는 것)
의료 서비스	AI, VR, 클라우드, CPS, 3D 모델링

▲ 디지털 트윈 활용 분야와 기술

3 디지털 트윈 활용

디지털 트윈은 많은 분야에서 활용되고 있습니다. 풍력 터빈의 디지털 트윈을 예로 들어보겠습니다. 물리적 풍력 터빈에 배치된 많은 센서는 풍속, 온도, 회전자 속도 및 전력 출력과 같은 데이터를 수집합니다. 다음으로 이 데이터는 풍력 터빈의 동작을 실시간으로 시뮬레이션하는 디지털 트윈 모델로 전송됩니다. 디지털 트윈을 통해 운영자는 터빈의 성능을 모니터링하고, 편차 또는 이상을 감지할 수 있습니다. 또한 유지 관리 일정을 최적화하고, 오류를 예측하며 시나리오를 시뮬레이션하여 효율성과 출력을 향상시킬 수 있습니다.

또한 실제 도시와 동일한 디지털 도시를 만들어 인구 분포, 교통, 환경 등을 구현하고 시뮬레이션해 볼 수 있는 스마트 시티를 만들고 있습니다.

■ **싱가포르의 스마트 시티 '버추얼 싱가포르(Virtual Singapore)'**

싱가포르는 2018년 싱가포르의 실제 도로, 건물 등을 디지털 트윈 모델로 옮겨 스마트 시티 '버추얼 싱가포르'를 만들었습니다. 버추얼 싱가포르를 활용하여 싱가포르는 도심의 개발이나 태풍, 홍수와 같은 재난 상황 등을 시뮬레이션해 보는 데에 활용합니다. 홍수와 같은 자연재해 상황을 적용한다면 침수되는 지역과 건물들, 해안의 수위 및 상하수도의 상황까지 확인할 수 있어 홍수 피해를 막기 위한 대책을 수립할 때 도움이 됩니다.

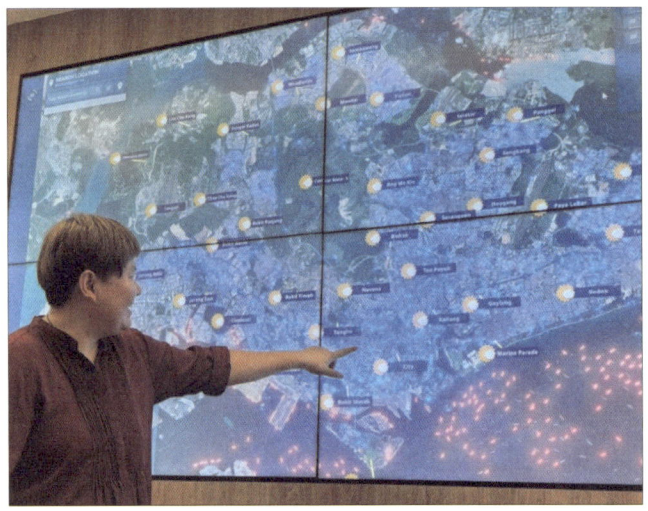

▲ '버추얼 싱가포르'에서 실시간 대중교통의 흐름을 바탕으로 도심의 유동 인구를 예측하는 시뮬레이션을 하고 있는 장면(출처: 한겨레신문 https://www.hani.co.kr/arti/economy/it/1086406.html)

■ 네이버랩스의 서울시 디지털 트윈

국내 IT 기업 네이버의 계열사인 네이버랩스(NAVER LABS)는 서울 전 지역의 3D 디지털 트윈 모델을 생성하였습니다. 서울시에 있는 건물과 도로, 랜드마크 등을 3D로 구현하였고, 디지털 트윈 데이터는 다양한 도시 시뮬레이션에 활용될 수 있습니다.

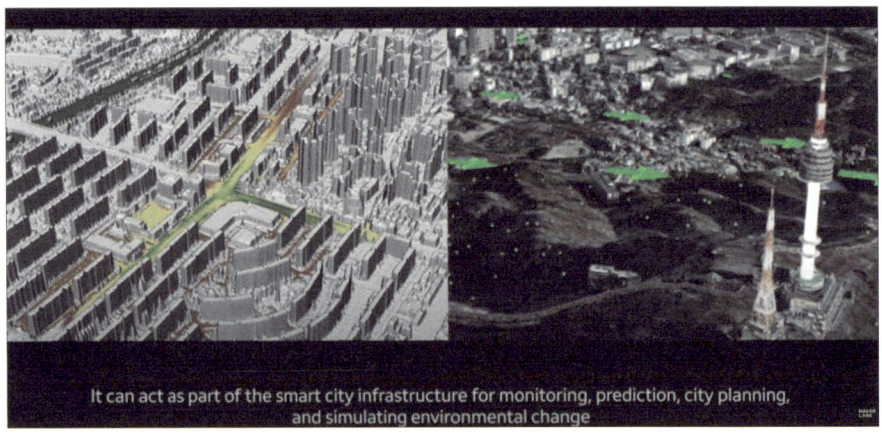

▲ 네이버랩스의 서울시 디지털 트윈 모습(출처: 유튜브 'NAVER LABS')

네이버랩스는 서울시 디지털 트윈뿐만 아니라 한국수자원공사와 협력해 물 관리 솔루션 기반 디지털 트윈 서비스도 구축하기로 하였습니다.

NOTE

정보 통신과 보안

Lesson 1 정보 통신
Lesson 2 클라우드
Lesson 3 보안
Lesson 4 블록체인

Lesson 1
정보 통신

POINT

기원전 490년 아테네와 페르시아 사이의 전투에서 아테네의 승리를 알리고자 전장에서 아테네까지 42.195km를 달려 마라톤의 기원이 된 페이디피데스의 이야기는 아주 오래된 통신의 모습입니다. 오늘날이라면 정보 통신 기술의 발달로 눈 깜짝할 사이에 승리의 소식을 멀리 떨어진 곳까지 전달할 수 있어 페이디피데스가 목숨을 잃는 일은 없었을 것입니다. 정보 통신에 대해 살펴보겠습니다.

1 정보 통신이란?

정보 통신이란 문자, 음성, 영상과 같은 정보를 상대방에게 전달하는 것을 의미합니다. 과거 봉화, 파발, 우편 등의 방법으로 통신하는 것도 정보 통신이라고 할 수 있겠지만 여기에서는 컴퓨터와 같은 정보 처리 장치를 활용하여 정보를 처리하고, 전기적인 통신 회선을 통해 정보를 송수신하는 것을 말합니다.

정보 통신의 예로는 모스 부호를 이용한 전신기, 음성 신호를 주고받는 전화기, 오늘날 인터넷을 이용하여 정보를 주고받는 모습 등이 있습니다.

정보 이론의 창시자인 클로드 섀넌(Claude Elwood Shannon)은 인간이 만든 정보를 어떻게 전송할 것인지 통신 시스템을 6가지 요소로 설명하였습니다.

먼저 보내고자 하는 정보를 송신기에서 송신 신호로 변경합니다. 이 과정을 '부호화(Encode)'라고 합니다. 이 신호는 통신 케이블과 같은 통신로를 통하여 전달되는데 이 과정에서 신호를 방해하는 잡음이 발생합니다. 통신로를 따라 신호는 수신기에 전달되고, 수신기는 받은 신호를 원래 정보로 해독(Decode)합니다.

▲ 정보 통신 시스템 도식화

2 네트워크란?

　네트워크(Network, 통신망)이란 그물처럼 구성되어 있는 시스템을 의미합니다. 넓은 의미에서는 물류, 교통, 인맥 등까지도 포함하는데 여기에서는 컴퓨터 네트워크, 즉 컴퓨터끼리 데이터를 주고받을 수 있도록 서로 연결되어 있는 구조를 의미합니다. 효율적인 정보 통신을 위해 네트워크는 필수적입니다.

　네트워크는 누가 이용할 수 있는지에 따라 2가지로 분류할 수 있습니다. 네트워크 사용자를 제한하는 사설 네트워크와 누구나 이용할 수 있는 인터넷입니다. 사설 네트워크는 회사의 인트라넷이 대표적인 예이며 보안에는 장점이 있지만 사용자가 한정되어 있기 때문에 제한된 사용자 외에는 정보를 공유할 수 없다는 단점이 있습니다.

　또한 네트워크의 규모와 범위에 따라 LAN(Local Area Network)과 WAN(Wide Area Network)으로 분류할 수도 있습니다. LAN은 비교적 좁은 범위를 연결하는 네트워크이고, WAN은 더 넓은 범위를 연결하는 네트워크로 수많은 LAN을 서로 이어줍니다.

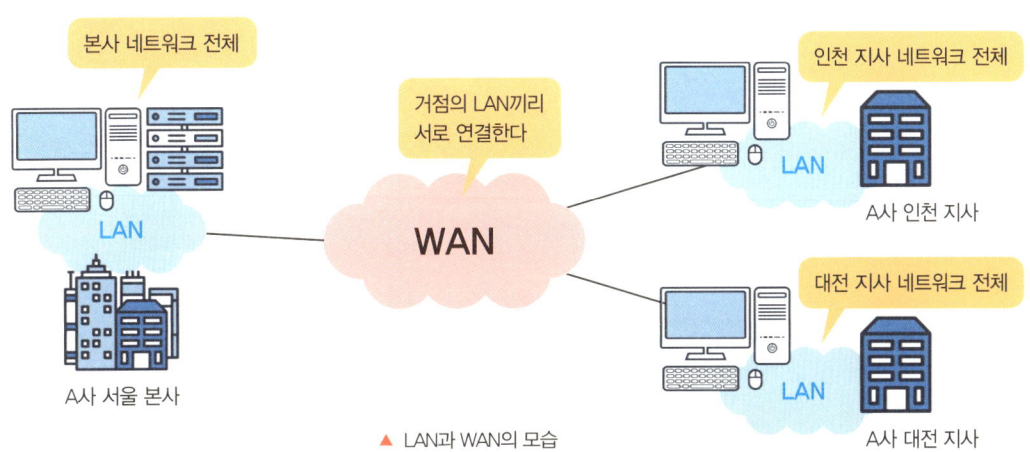

▲ LAN과 WAN의 모습

LAN과 WAN 비교

	LAN	WAN
범위 및 용도	좁은 범위(사무실, 학교, 가정 등)	넓은 범위(지역, 국가 등 연결), 대표적으로 인터넷
속도	상대적으로 높은 전송 속도	전송 거리가 길기 때문에 상대적으로 낮은 전송 속도
전송 매체	유선(이더넷 케이블, 광섬유 등) 또는 무선(와이파이)	고속 전화선, 광섬유, 위성, 라디오, 마이크로파 등
비용	낮은 비용으로 구축	상대적으로 높은 비용으로 구축

3 네트워크 형태(토폴로지)

네트워크의 구조, 즉 네트워크가 어떤 형태로 연결되어 있는지를 토폴로지(Topology)라고 합니다. 노드(컴퓨터)가 연결된 구조에 따라 스타 토폴로지, 버스 토폴로지, 링 토폴로지, 메시 토폴로지 등이 있습니다.

스타 토폴로지

스타 토폴로지(Star Topology)는 별 모양으로 연결되어 있는 형태로 별의 가운데에 네트워크의 중심적인 역할을 담당하는 호스트 컴퓨터가 존재합니다. 이 호스트 컴퓨터와 여러 노드들이 일대일로 직접 연결됩니다. 하나의 노드에 문제가 발생해도 다른 노드에는 영향을 미치지 않아 설치와 유지보수가 상대적으로 편리합니다. 하지만 호스트 컴퓨터가 고장나면 전체 네트워크에 영향을 미치게 되는 단점이 존재합니다.

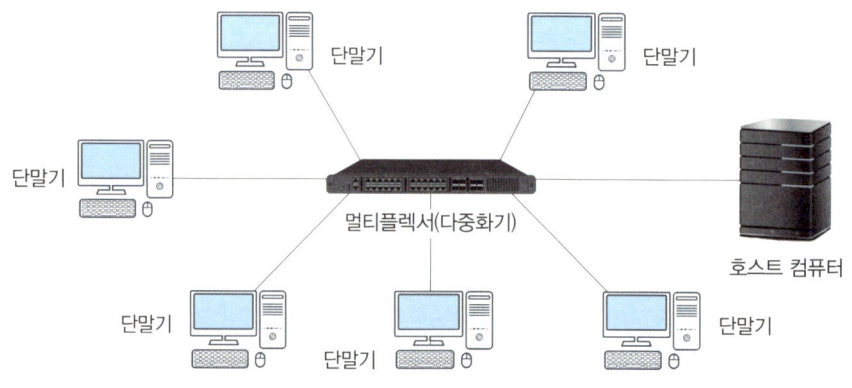

▲ 스타 토폴로지의 모습

> **여기서 잠깐**
>
> 네트워크에서 **노드(Node)**란 데이터를 생성, 수신, 전송하는 모든 장치를 의미합니다. 일반적으로 컴퓨터 네트워크에서 노드는 컴퓨터를 나타냅니다.

■ 버스 토폴로지

버스 토폴로지(Bus Topology)는 모든 노드들이 하나의 중앙 케이블(버스)에 연결되는 형태로 모든 데이터는 버스를 통하여 각각의 노드들에 전달됩니다. 간단한 형태로 비용이 저렴하지만 네트워크의 길이가 길어질수록 성능이 저하될 수 있습니다.

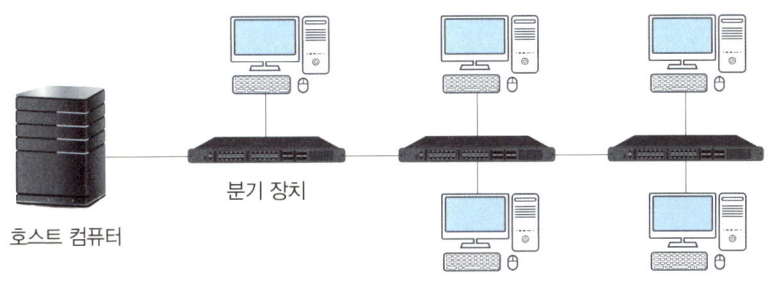

▲ 버스 토폴로지의 모습

■ 링 토폴로지

링 토폴로지(Ring Topology)는 반지, 즉 양 옆의 노드와 연결되어 원형을 이룹니다. 통신이 빠른 편이라는 장점이 있지만 하나의 노드에서 고장이 발생하면 네트워크 전체에 영향을 줍니다. 또한 새로운 노드의 추가 또는 제거가 어렵습니다. 현재 LAN의 기본형에서 가장 많이 사용하는 형태입니다.

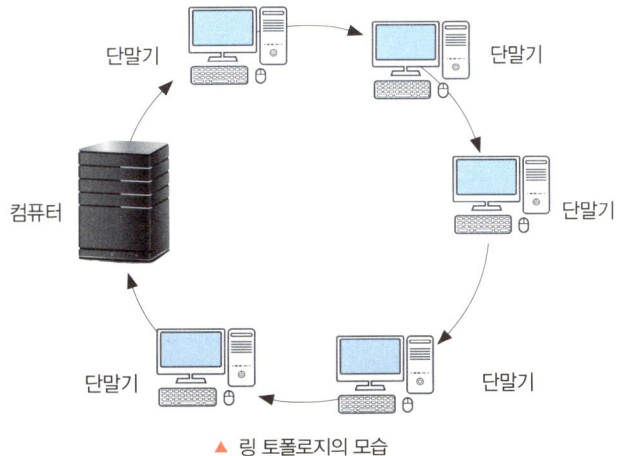

▲ 링 토폴로지의 모습

Lesson 1 정보 통신 **175**

■ 메시 토폴로지

메시 토폴로지(Mesh Topology)는 각 노드가 다른 모든 노드와 직접 연결되어 있는 형태입니다. 모든 노드와 연결되어 있기 때문에 빠르게 데이터를 전송할 수 있으며 하나의 노드에 고장이 발생해도 다른 노드를 통하여 데이터를 전송할 수 있다는 장점이 있습니다. 하지만 회선을 많이 설치해야 하므로 높은 설치 비용과 복잡한 유지보수라는 단점이 있습니다.

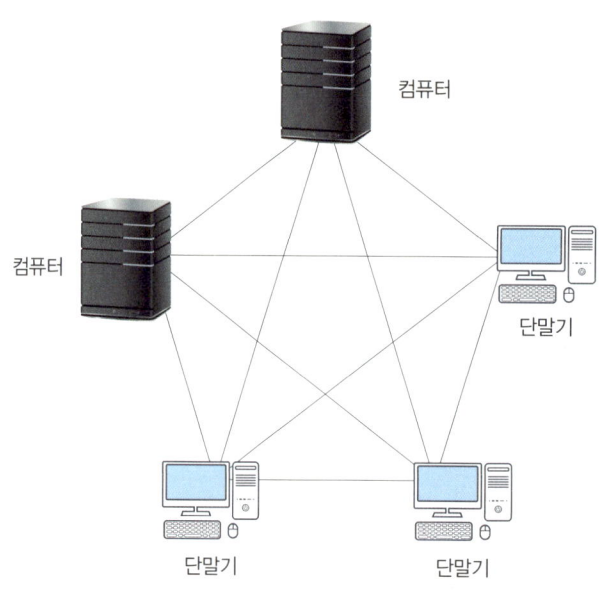

▲ 메시 토폴로지의 모습

4 회선 교환 vs 패킷 교환

네트워크 안에서 전송 선로를 이용하여 데이터를 전송할 때에는 전용 회선 또는 교환 회선을 이용할 수 있습니다. 전용 회선을 이용한다는 것은 송신 호스트와 수신 호스트 사이에 전용 통신 선로를 연결하고, 이를 이용해 데이터를 전송한다는 의미입니다. 교환 회선을 이용한다는 것은 전송 선로를 다수의 사용자가 공유한다는 의미입니다. 전용 회선은 데이터의 전송 속도가 상대적으로 빠르고, 보안에는 효과적이지만 규모가 큰 네트워크에 적용하기에는 경제적으로 적합하지 않습니다. 교환 회선은 전송 속도가 상대적으로 느리고, 보안에는 취약하지만 통신 장치와 회선 비용을 줄일 수 있어 규모가 큰 네트워크를 구축하는 데 적합합니다. 교환 회선을 이용하는 네트워크를 그림으로 나타내면 다음과 같습니다.

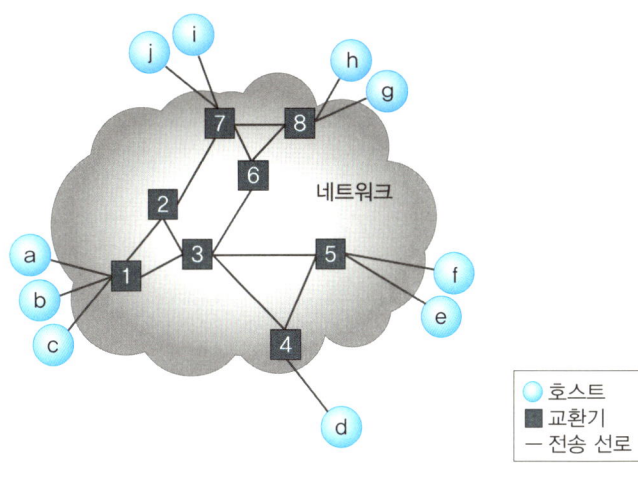

▲ 교환 회선을 이용하는 네트워크

호스트 a에서 호스트 h로 데이터를 보내고자 한다면 교환기 1, 교환기 3, 교환기 6, 교환기 8을 거치는 경로를 이용할 수 있습니다. 또는 교환기 1, 교환기 2, 교환기 7, 교환기 8을 거치는 경로를 이용할 수도 있습니다. 이는 데이터를 전송하는 시점에서 효율적인 경로를 선택하게 됩니다.

교환 회선을 이용하는 방식은 회선 교환 방식, 패킷 교환 방식이라는 2가지 방식으로 나누어 볼 수 있습니다.

회선 교환 방식이란 통신하고자 하는 호스트가 데이터를 전송하기 전에 데이터를 전송할 경로를 먼저 설정하는 방식입니다. 경로를 설정하고 일단 접속이 되면 데이터가 전송되는 동안에는 해당 경로에서 사용하는 회선을 독점하여 사용합니다. 따라서 안정적으로 데이터를 전송할 수 있지만 회선을 독점하고 있으므로 통신 회선이 낭비될 수 있고, 비용이 많이 소모된다는 단점이 있습니다.

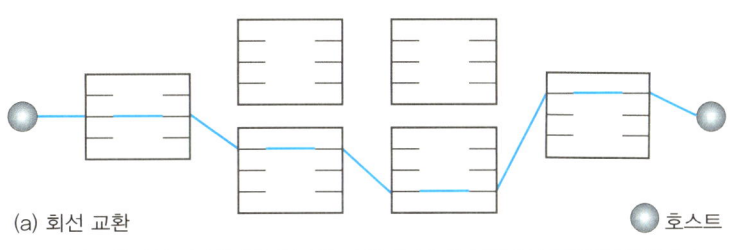

(a) 회선 교환

▲ 회선 교환 방식. 파란색처럼 전송 경로가 정해지면 해당 회선을 독점하여 사용합니다

패킷 교환 방식이란 송신 호스트가 전송할 데이터를 패킷(Packet)이라는 작은 단위로 나눈 뒤 각각의 패킷을 전송하고, 수신 호스트에서는 이를 받아 원래의 데이터로 다시 조립하는 방식입니다.

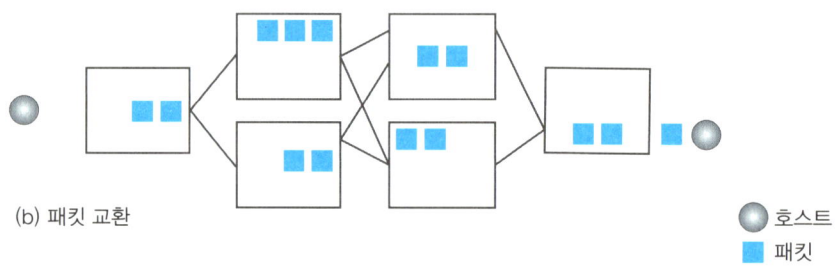

▲ 패킷 교환 방식. 데이터를 패킷으로 나눈 뒤, 패킷마다 따로 전송합니다.

패킷 교환 방식은 패킷 단위로 나누어 전송하기 때문에 데이터 전송이 지연되는 것을 줄일 수 있습니다. 즉 회선 사용의 효율성을 높일 수 있게 됩니다. 예를 들어 여러 운송업체가 동시에 서로 다른 출발지에서 서로 다른 도착지로 각각 많은 상자를 운송하는 상황을 떠올려 보겠습니다. 상자를 운송할 때에 각각 큰 트럭에 모든 상자를 한번에 싣고 상자를 옮긴다면 운송 속도는 빠를 것입니다. 하지만 이동 경로가 넓은 도로가 아닌 좁은 도로라면 어떨까요? 넓은 도로와는 다르게 큰 트럭으로 인해 전체적인 교통 흐름에는 오히려 방해가 됩니다. 서로 교통 흐름을 방해하면서 오히려 운송하는 시간이 더 길어질 수 있는 것입니다.

▲ 좁은 도로에서는 큰 트럭이 교통 흐름에 방해가 될 수 있습니다.

패킷 교환 방식에도 패킷의 전송 경로가 동일한지 아닌지에 따라 가상 회선(Virtual Circuit) 방식과 데이터그램(Datagram) 방식이 있습니다.

가상 회선(Virtual Circuit) 방식은 패킷의 경로가 모두 동일한 방식입니다. 다음의 그림과 같이 최적의 경로가 정해지면 시간이 흐름에 따라 동일한 경로로 패킷이 전송됩니다. 회선 교환 방식과 비슷해 보이지만 가상 회선 방식은 회선을 독점하지 않습니다.

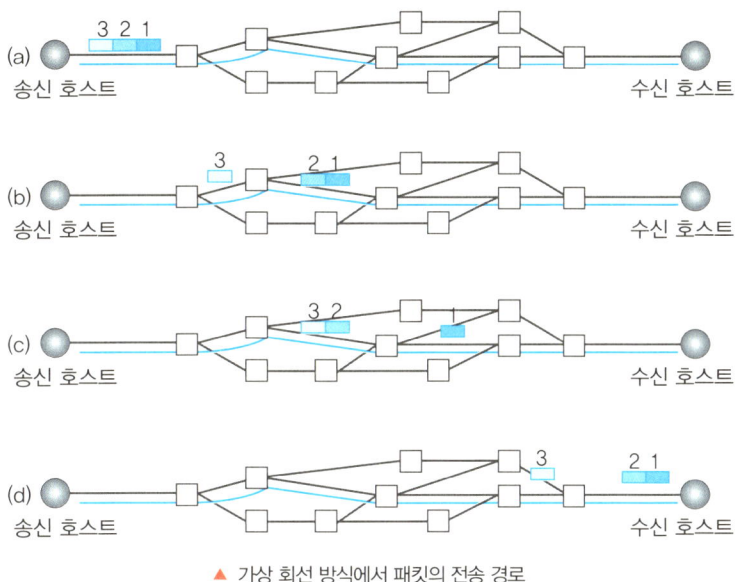

▲ 가상 회선 방식에서 패킷의 전송 경로

데이터그램(Datagram) 방식은 패킷마다 독립적으로 전달 경로가 선택되는 방식입니다. 데이터그램 방식은 인터넷의 IP에서 사용하는 방식입니다.

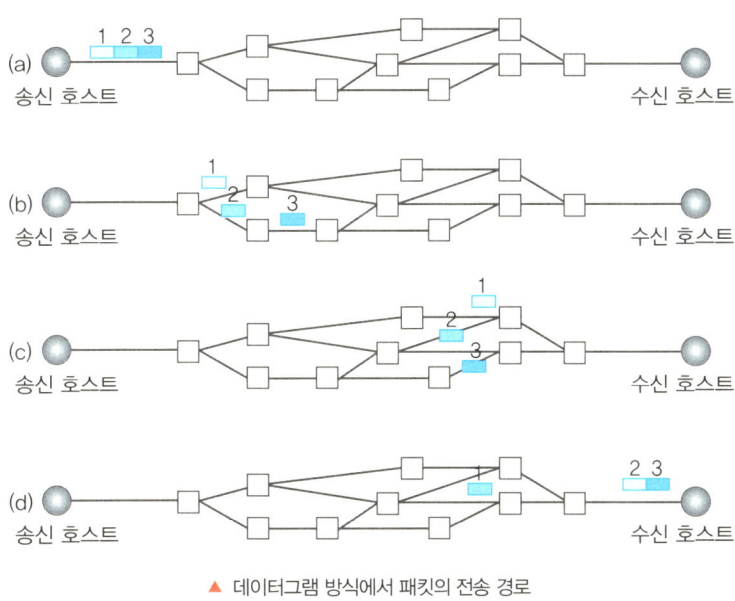

▲ 데이터그램 방식에서 패킷의 전송 경로

5 통신 프로토콜

프로토콜(Protocol)이란 일종의 약속을 의미합니다. 통신 프로토콜은 원활한 통신이 이루어지기 위해 정한 약속, 규칙을 의미합니다. 우리가 사용하고 있는 인터넷에는 많은 프로토콜이 존재합니다. 많은 프로토콜 중에서 핵심적으로 사용하는 프로토콜이 바로 TCP/IP입니다. TCP/IP란 TCP와 IP를 합쳐서 부르는 말입니다.

앞에서 보았듯이 인터넷에서는 데이터를 패킷이라는 작은 단위로 나누어 전송하였습니다. IP(Internet Protocol)란 이러한 패킷들을 목적지로 정확하게 보내는 역할을 수행하는 프로토콜입니다. IP는 최대한 빠르게 목적지로 패킷을 보내는 것이 목적이므로 패킷을 전송하는 과정에서 순서가 뒤섞일 수도 있고, 때로는 패킷들의 일부가 전송되지 않을 수 있습니다.

이러한 문제를 해결하기 위해 TCP가 존재합니다. TCP(Transmission Control Protocol)란 우리말로 전송 조절 프로토콜이라고 하는데 목적지에 도착한 패킷들을 원래의 데이터로 조립하고, 손상 또는 손실된 패킷이 있다면 다시 해당 패킷을 보내달라고 재요청합니다. TCP는 IP보다 느리지만 데이터를 안전하게 전송해 주는 역할을 수행하는 것입니다. 이렇게 서로 다른 두 프로토콜을 조합하여 사용하는 것을 TCP/IP라고 부릅니다.

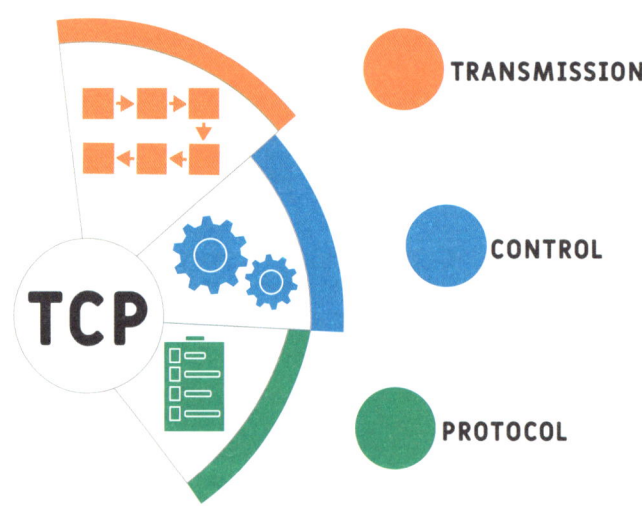

Lesson 2
클라우드

POINT 구름을 의미하는 '클라우드(Cloud)'라는 용어를 곳곳에서 사용하고 있습니다. 디지털 세계에서 사용하고 있는 클라우드의 의미와 종류에 대해 살펴보겠습니다.

1 클라우드란?

스마트폰으로 사진을 찍다가 저장 공간이 부족하면 여러분은 어떻게 하시나요? 아마도 여러분이 사용하는 클라우드 서비스를 이용하여 사진을 저장해 두고, 기존의 사진은 삭제한 뒤 새로운 사진을 찍을 것입니다. 이때 사용되는 디지털 기술이 바로 클라우드(Cloud)입니다.

클라우드란 인터넷에 연결된 다른 컴퓨터의 자원을 활용하는 기술을 의미합니다. 즉 인터넷만 연결되어 있다면 클라우드 서비스를 이용하여 언제, 어디에서든 자신이 필요한 만큼의 컴퓨팅 자원을 빌려서 사용할 수 있습니다.

클라우드는 1960년대 존 매카시(John McCarthy)가 "미래의 컴퓨팅 환경은 마치 공공시설, 즉 공공재와 같아질 것이다."라며 그 개념을 제시하였습니다.

클라우드 서비스를 사용하기 전에는 소규모의 기업이라도 웹사이트를 운영하려면 자신들 소유의 서버용 컴퓨터를 직접 사서 자체 서버를 운영해야 했습니다. 먼저 서버용 컴퓨터를 구입하고, 서버를 구축하는 데

▲ 스마트폰에서 클라우드 서비스 이용

에도 많은 비용이 필요했습니다. 거기서 끝이 아니라 서버가 열을 받지 않도록 온도 관리도 하고, 필요한 경우 추가로 서버용 컴퓨터를 구입하기도 해야 했습니다. 이처럼 직접 서버를

구축하고 운영하는 것은 돈과 시간, 인력이 많이 필요한 일이었습니다. 하지만 클라우드 서비스를 사용하게 되면서 서버를 구축하고 운영하는 데에 드는 돈과 시간을 절약할 수 있게 되었습니다. 절약한 돈과 시간으로 기업들은 자신들이 하고자 하는 사업에 더 많이 투자하고, 집중할 수 있게 되었습니다.

또한 클라우드 서비스 이용 전과 후의 컴퓨팅 자원 활용률을 비교하면 그 차이가 매우 크다는 것을 확인할 수 있습니다. 클라우드 서비스 이용 전에는 컴퓨팅 자원 활용률이 약 10~15%에 불과했지만 클라우드 서비스 이용 후에는 무려 70% 정도가 됩니다.

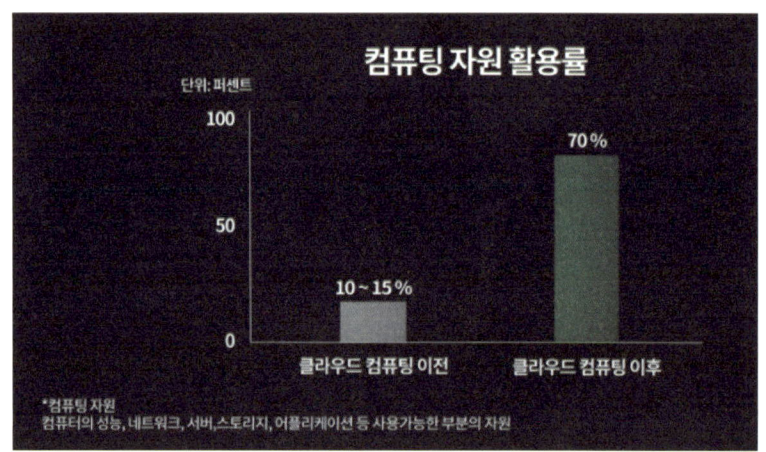

▲ 클라우드 서비스 이용 전과 후의 컴퓨팅 자원 활용률 비교

클라우드를 구현하기 위해서 필요한 핵심 기술은 가상화(Virtualization) 기술입니다. 가상화 기술이란 서버, 저장 공간, 네트워크 등을 구성할 수 있도록 돕는 기술입니다. 실제로 존재하지 않는 컴퓨터를 실제로 존재하는 것처럼 가상의 컴퓨팅 자원을 마련해 주는 것입니다. 이렇게 마련된 컴퓨터를 가상 머신(Virtual Machine)이라고 합니다. 클라우드 서비스 이용자들은 이 가상 머신을 사용하는 것입니다.

② 서비스 방식에 따른 클라우드의 분류

클라우드 서비스는 서비스 방식, 즉 사용자가 무엇을 빌리느냐에 따라 IaaS, PaaS, SaaS로 분류할 수 있습니다. IaaS에서 PaaS, SaaS로 갈수록 더 많은 것을 빌립니다.

■ IaaS(Infrastructure as a Service)

클라우드 사용자는 클라우드 공급자로부터 CPU, 메모리 등의 하드웨어 자원만을 빌릴 수 있습니다. 서버와 저장 공간과 같은 클라우드 인프라만을 사용하는 것입니다. IaaS는 마치 필요한 만큼의 땅을 빌리고, 빌린 땅 위에 목적에 맞게 건물을 짓고 건물 내부를 꾸며 사용하는 것이라고 할 수 있습니다. 이때 땅이 바로 하드웨어 자원입니다. 아마존의 AWS, 마이크로소프트의 Azure가 대표적입니다.

■ PaaS(Platform as a Service)

하드웨어 자원에 운영체제(OS)를 포함한 개발 플랫폼까지 더하여 제공받을 수 있습니다. PaaS를 이용하면 운영체제를 관리할 필요가 없어 소프트웨어 개발과 관리에 더 집중할 수 있습니다. PaaS는 땅과 그 위에 지어진 건물을 빌리는 것이라고 할 수 있습니다. 건물의 내부는 비어있기 때문에 목적에 맞게 내부를 꾸민 후 사용합니다.

■ SaaS(Software as a Service)

하드웨어 자원, 운영체제에 응용 소프트웨어까지 제공받을 수 있습니다. 사용자는 SaaS를 통해 사용자의 기기에 소프트웨어를 설치하지 않고도 접근하여 작업을 할 수 있습니다. SaaS는 마치 내부까지 꾸며져 있는 집을 빌리는 것이라고 할 수 있습니다. 모든 것이 다 갖춰져 있고, 사용자는 빌려서 사용하기만 하면 되는 것입니다. SaaS는 어디서나 어떤 기기에서든 소프트웨어에 접근할 수 있습니다. 따라서 효율적으로 업무를 진행할 수 있습니다. 또한 소프트웨어의 설치나 업데이트에 신경을 쓰지 않아도 됩니다. 이런 장점이 있지만 어디서든 접근 가능하다는 것은 더욱 강력한 보안의 필요성을 의미하기도 합니다.

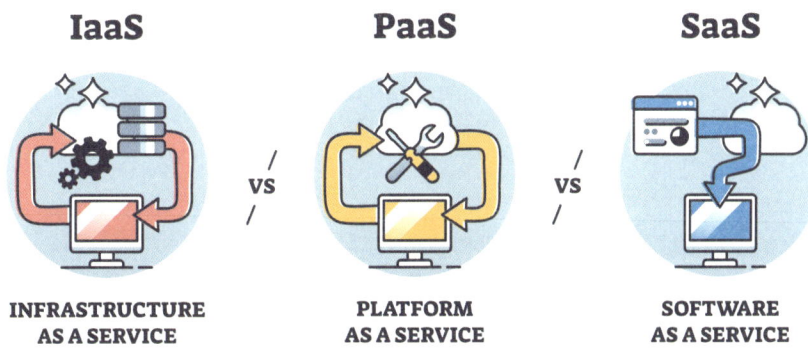

3 데이터 센터 구축 장소에 따른 클라우드의 분류

데이터 센터 구축 장소에 따라 공용(Public) 클라우드와 사설(Private) 클라우드, 하이브리드(Hybrid) 클라우드로 분류할 수 있습니다.

■ 공용(Public, 공개형) 클라우드

공용 클라우드는 서비스 사용 대상을 제한하지 않습니다. 따라서 누구든지 비용을 지불하면 네트워크를 통해 서버 및 데이터 센터를 이용할 수 있습니다. 공용 클라우드는 많은 대상이 쉽게 접근할 수 있으므로 경제성, 신속성 등에서 장점이 있습니다. 하지만 이는 보안에 문제가 발생할 가능성이 상대적으로 높다고 할 수 있습니다.

■ 사설(Private, 폐쇄형) 클라우드

사설 클라우드는 공용 클라우드와 반대로 특정 대상만 서버 및 데이터 센터를 이용할 수 있는 클라우드 형태입니다. 공용 클라우드의 단점인 보안성이 사설 클라우드에서는 장점이 됩니다.

■ 하이브리드(Hybrid, 혼합형) 클라우드

하이브리드 클라우드는 공용 클라우드와 사설 클라우드의 결합하여 클라우드 서비스를 제공하는 형태입니다. 주로 보안이 필요한 영역은 사설 클라우드를 이용하고, 그 외의 영역에서는 공용 클라우드를 이용합니다.

Public Cloud

Private Cloud

Hybrid Cloud

클라우드의 현재와 미래

전자상거래하면 떠오르는 미국의 대표 기업 아마존(Amazon)을 아시나요? 아마존은 2024년 8월 22일 기준 시가 총액이 약 1조 8,800억 달러 정도인 엄청난 규모의 기업입니다. 아마존은 2023년 3/4분기에 112억 달러라는 영업 이익을 기록하였습니다. 112억 달러라는 영업 이익은 어느 사업 분야에서 가장 많이 창출하였을까요? 아마존이라는 기업에 대해 잘 모르시는 분들은 '전자상거래에서 돈을 벌지 않았을까?'라는 생각을 할 수 있습니다. 하지만 아마존은 AWS(Amazon Web Services)라는 클라우드 사업을 통해 3/4분기에 70억 달러의 영업 이익을 기록하였습니다. 무려 전체의 60%를 넘는 영업 이익을 클라우드 사업을 통해 창출한 것입니다. 전 세계에서 클라우드 사업 점유율이 가장 높은 기업이 바로 아마존입니다.

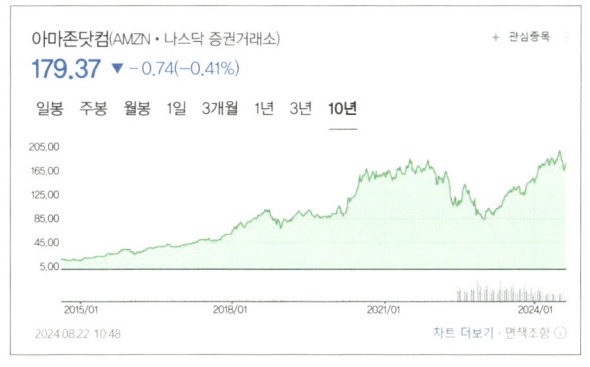

▲ 아마존닷컴 주가(출처: 네이버 증권 정보, 미국 시간 2024. 8. 22. 기준)

아마존의 영업 이익을 보면 알 수 있듯이 클라우드는 다른 디지털 기술과 맞물려 오늘날 기술 발달에 아주 중요한 역할을 하고 있습니다. 미국의 IT 전문 리서치 그룹 가트너(Gartner)는 2024년에는 전 세계적으로 퍼블릭 클라우드 서비스 사용에 대한 사용자의 지출액이 무려 6,800억 달러에 이를 것으로 전망하기도 하였습니다. 앞으로도 인공지능, 데이터 처리 등 여러 기술의 발달을 위한 인프라로서 클라우드의 역할은 지속적으로 중요해질 것입니다.

▲ ZDNET Korea(출처: https://zdnet.co.kr/view/?no=20231114105705)

Lesson 3
보안

POINT 정보 통신에 있어서 보안은 무엇보다 중요합니다. 보안성을 확보하기 위한 방법에 대해 알아보겠습니다.

1 인증

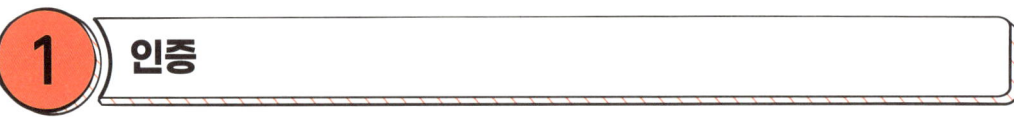

    네트워크에 아무나 접속할 수 있다면 어떻게 될까요? 누군가가 악의를 가지고 네트워크에 접속하여 중요한 데이터를 가로챈다면 이로 인하여 경제적, 사회적 피해가 발생할 수 있습니다. 따라서 네트워크에 접속하는 대상을 제한, 즉 네트워크에 접속하려는 사용자를 확인하는 과정이 필요합니다. 이를 '인증(Authentication)'이라고 합니다. 인증을 통해 정식 사용자가 아니라고 판단되면 네트워크에 접속할 수 없게 만듭니다.

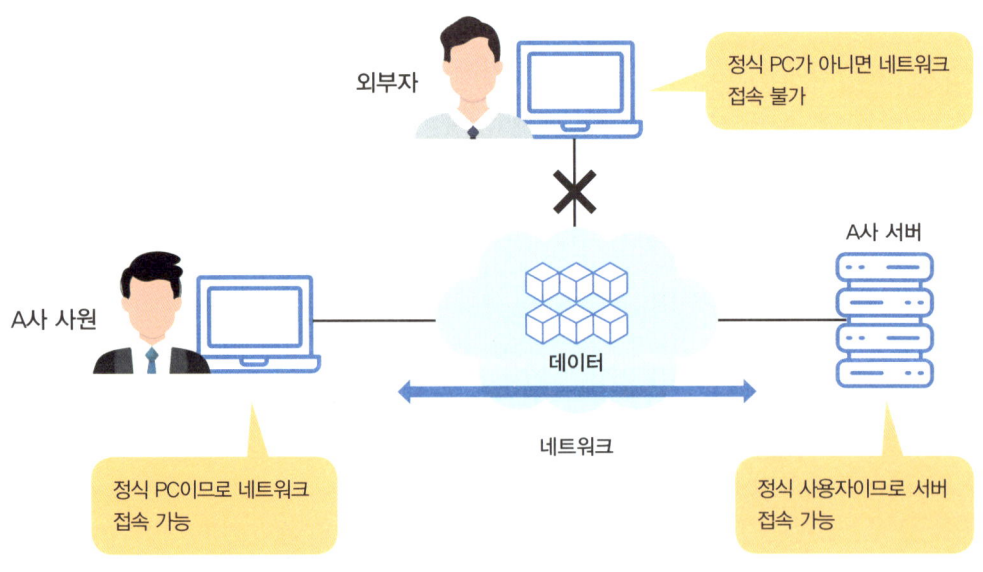

▲ 인증 과정

인증할 수 있는 요소는 여러 가지가 있습니다. 대표적으로 사용자가 알고 있는 정보를 확인하는 방법입니다. 대표적인 예시가 바로 패스워드 인증입니다. 또 사원증과 같은 사용자만 가지고 있는 물건을 통해 확인할 수도 있습니다. 물건이 아닌 사용자의 신체적인 특징으로 확인할 수도 있습니다. 사용자의 지문, 홍채 등으로 인증할 수 있습니다.

▲ 인증 요소

2 암호 기법(Cryptography)

인증에도 불구하고 여전히 네트워크, 특히 인터넷상에서는 데이터가 유출될 위험이 존재합니다. 이러한 위험을 줄이기 위해 데이터를 암호화하여 전송합니다. 데이터를 암호화하게 되면 데이터의 전송 중에 데이터가 유출되어도 그 내용을 알 수 없게 됩니다.

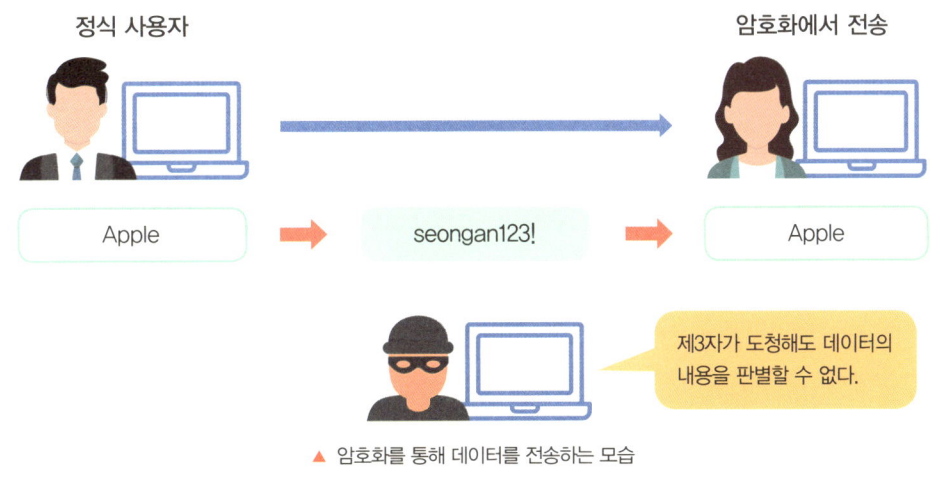

▲ 암호화를 통해 데이터를 전송하는 모습

Lesson 3 보안

암호화하기 전의 데이터를 평문이라고 하고, 평문을 암호문으로 바꾸기 위해서는 암호 키를 사용합니다. 암호 키란 특정한 비트 수로 된 수치로 암호화하는 규칙이라고 할 수 있습니다. 데이터를 수신하는 사람은 암호문을 보고 다시 평문으로 되돌려야 하는데 이 과정을 복호화라고 합니다.

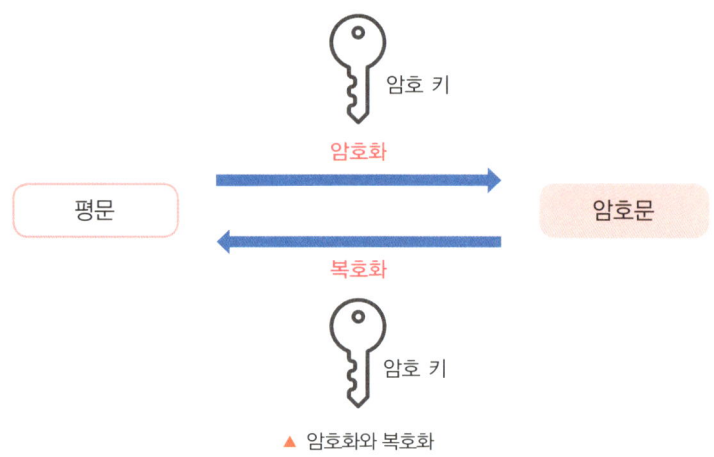

▲ 암호화와 복호화

3 공통 키 암호 방식

암호화와 복호화를 하기 위해서는 암호 키가 필요합니다. 데이터 송신자와 수신자가 같은 암호 키를 사용하는 방식을 공통 키 암호 방식이라고 합니다. 공통 키 암호 방식에는 어떤 문제가 발생할 수 있을까요?

먼저 데이터 송신자와 수신자는 공통 키를 사전에 공유하고 있어야 합니다. 공통의 암호 키를 공유하고 있다면 보안은 완벽하게 이루어질까요? 송신자와 수신자만이 암호 키를 알고 있다면 문제가 없겠지만 공통의 암호 키가 제3자에게 알려진다면 문제가 발생합니다. 제3자에게 알려진다는 의미는 곧 보안성이 떨어진다는 의미이기 때문입니다. 특히 같은 암호 키를 계속 사용하면 규칙성을 노출하기 때문에 이를 막기 위해서는 암호 키를 정기적으로 갱신해야 합니다. 암호 키를 갱신하면 또 다른 문제가 발생합니다. 갱신된 암호 키를 상대방에게 공유해 주어야 하는데, '어떻게 해야 안전하게 암호 키를 공유할 수 있을까?'라는 문제가 남습니다. 이러한 문제를 '키 배송 문제'라고 합니다.

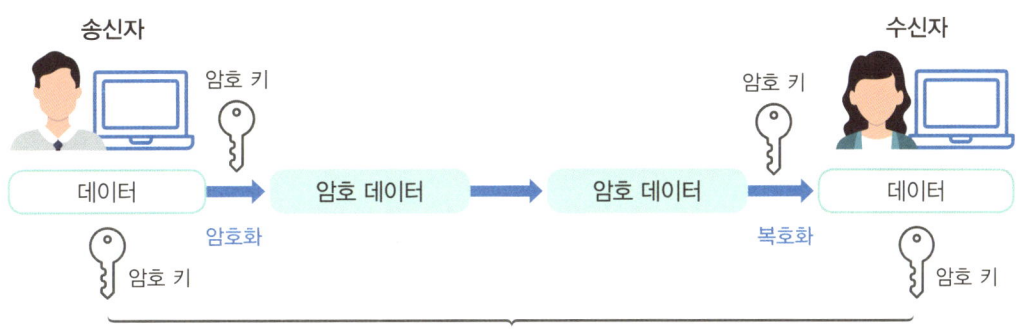

▲ 공통 키 암호 방식

4 공개 키 암호 방식

공통 키 암호 방식의 문제를 해결하기 위해 공통의 암호 키 대신, 서로 다른 2개의 암호 키를 사용할 수 있습니다. 이를 공개 키 암호 방식이라고 합니다. 서로 다른 2개의 암호 키는 수학적으로 연관성이 있는 하나의 쌍을 이룹니다. 이 중에서 누구에게나 알려져 있는 키를 공개 키(Public Key), 당사자들만 알고 있는 키를 비밀 키(Private Key)라고 합니다. 송신자가 공개 키를 이용하여 암호화하면 수신자는 비밀 키를 이용하여 복호화합니다. 즉 암호화는 공개 키를 이용하여 누구든지 할 수 있지만 복호화는 비밀 키를 알고 있는 사용자만이 가능합니다.

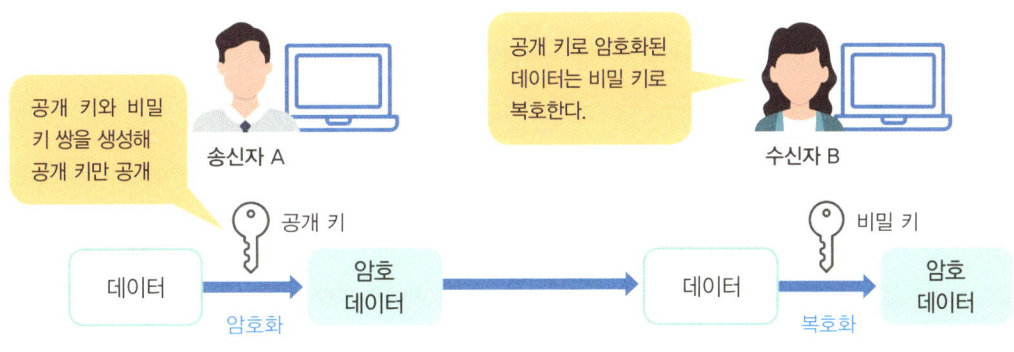

▲ 공개 키 암호 방식의 흐름

위와는 반대로 암호화할 때 비밀 키를 이용하고, 복호화할 때에 공개 키를 사용할 수도 있습니다. A라는 송신자가 B라는 수신자에게 비밀 키를 이용하여 데이터를 전송했다고 가정해 봅시다. 수신자인 B는 A의 공개 키로 복호화할 수 있습니다. A의 공개 키로 복호화할 수 있다는 것의 의미는 B가 받은 데이터가 A의 비밀 키로 암호화되었다는 의미입니다. 즉 데이터를 보낸 사람이 A라는 것을 확인할 수 있습니다. 이러한 원리가 디지털 서명 기능에 활용됩니다.

> **여기서 잠깐**
>
> 공통 키 암호 방식은 암호화와 복호화에 같은 암호 키를 사용하므로 **대칭 암호 시스템**이라고도 합니다. 공개 키 암호 방식은 암호화와 복호화에 서로 다른 암호 키를 사용하므로 **비대칭 암호 시스템**이라고 합니다.

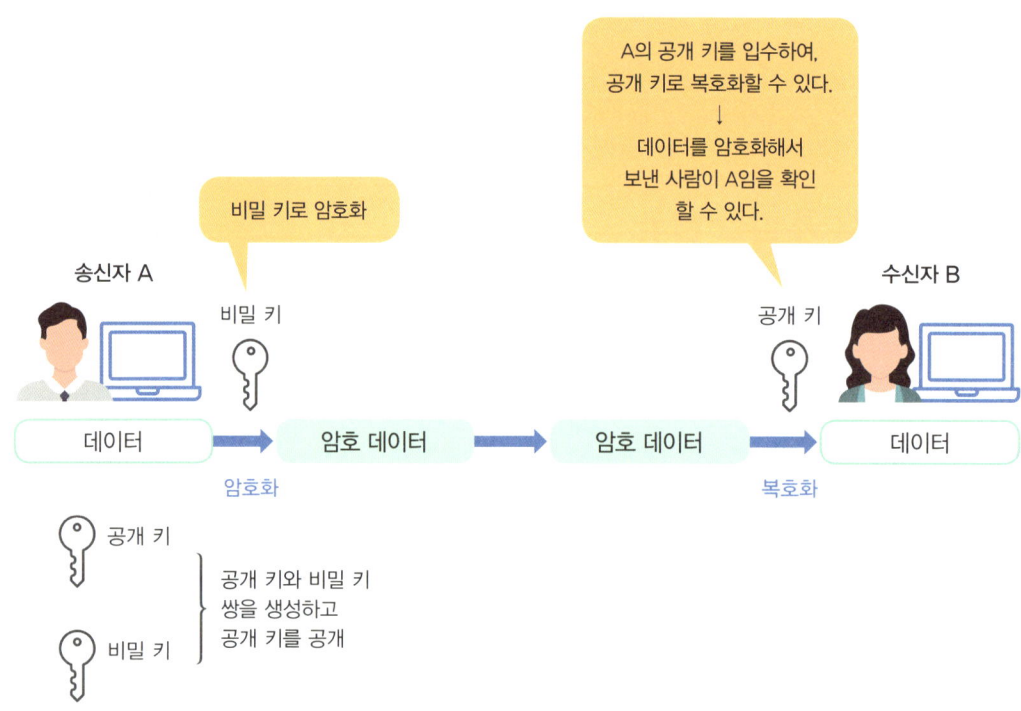

▲ 비밀 키로 암호화, 공개 키로 복호화하는 과정

5 해시값

해시값이란 어떠한 데이터를 해시 알고리즘에 넣었을 때, 나오는 값을 의미합니다. 디지털 서명의 원리를 이해하기 위해서 해시값에 대한 이해가 필요합니다.

해시값에는 몇 가지 특징이 있습니다. 먼저, 입력한 값(입력 데이터)의 길이가 어떠하든지 출력되는 값(해시값)은 고정된 길이로 출력됩니다. '디지털'이라는 값을 입력하든 '한눈에 보이는 디지털 그림책'이라는 값을 입력하든 해시값의 길이는 동일합니다.

다음으로 입력값이 조금이라도 달라진다면 완전 다른 해시값을 출력합니다. 아래는 'SHA-

256'이라는 해시 알고리즘에 '디지털'과 '디지탈'이라는 값을 넣었을 때 나오는 해시값을 비교한 것입니다. 모음 하나 차이가 완전 다른 해시값을 출력함을 보여 줍니다.

입력값	해시값
디지털	E97BC66E6E5A5D4B37EE683E6726D244EB581FDD0C41214C92CD4E6B3ACE9B40
디지탈	7B32AB020ED1C437E005ACD640D6A7A0C26BD29E04F0781EEF3C49F2860AA4F7

마지막으로 해시값을 알더라도 해시 알고리즘에 입력했던 입력값을 거꾸로 찾는 것은 불가능합니다. 암호화는 가능하지만 복호화는 불가능하기 때문에 이러한 해시 알고리즘을 단방향 알고리즘이라고 합니다.

6 디지털 서명

디지털 서명은 앞서에 다룬 것처럼 비밀 키를 이용하여 암호화하고, 공개 키를 이용하여 복호화하는 원리를 이용합니다. 디지털 서명을 이용하면 데이터 송신자가 누구인지 확인할 수 있고, 동시에 송신자가 보낸 데이터가 중간에 변조되지 않고 잘 도착했는지도 확인할 수 있습니다. 디지털 서명의 과정은 다음과 같습니다.

❶ 송신자 A는 보낼 데이터에서 해시값을 생성합니다.
❷ 생성한 해시값을 송신자의 비밀 키로 암호화합니다. 이를 이용하여 서명 데이터를 작성합니다.
❸ A는 수신자 B에게 보낼 데이터와 함께 서명 데이터까지 전송합니다.
❹ B는 A의 공개 키를 이용하여 서명 데이터를 복호화합니다. B가 서명 데이터를 복호화하는 데 성공했기 때문에 서명 데이터는 A로부터 왔음을 확인할 수 있습니다. 그리고 서명 데이터를 복호화하면 A가 보낸 해시값을 확인할 수 있습니다.
❺ 수신자 B는 서명 데이터와 함께 받은 데이터를 이용하여 해시값을 생성합니다. 해시값의 특성상 입력값이 같다면 해시값도 같을 것입니다.
❻ 마지막으로 B는 ④와 ⑤에서 얻은 해시값을 비교합니다. 해시값이 같다면 B는 A에게서 데이터를 받았고, 중간에 변조되지 않았음을 확인할 수 있습니다. 만약 두 값이 다르다면 데이터는 중간에 변조된 것입니다.

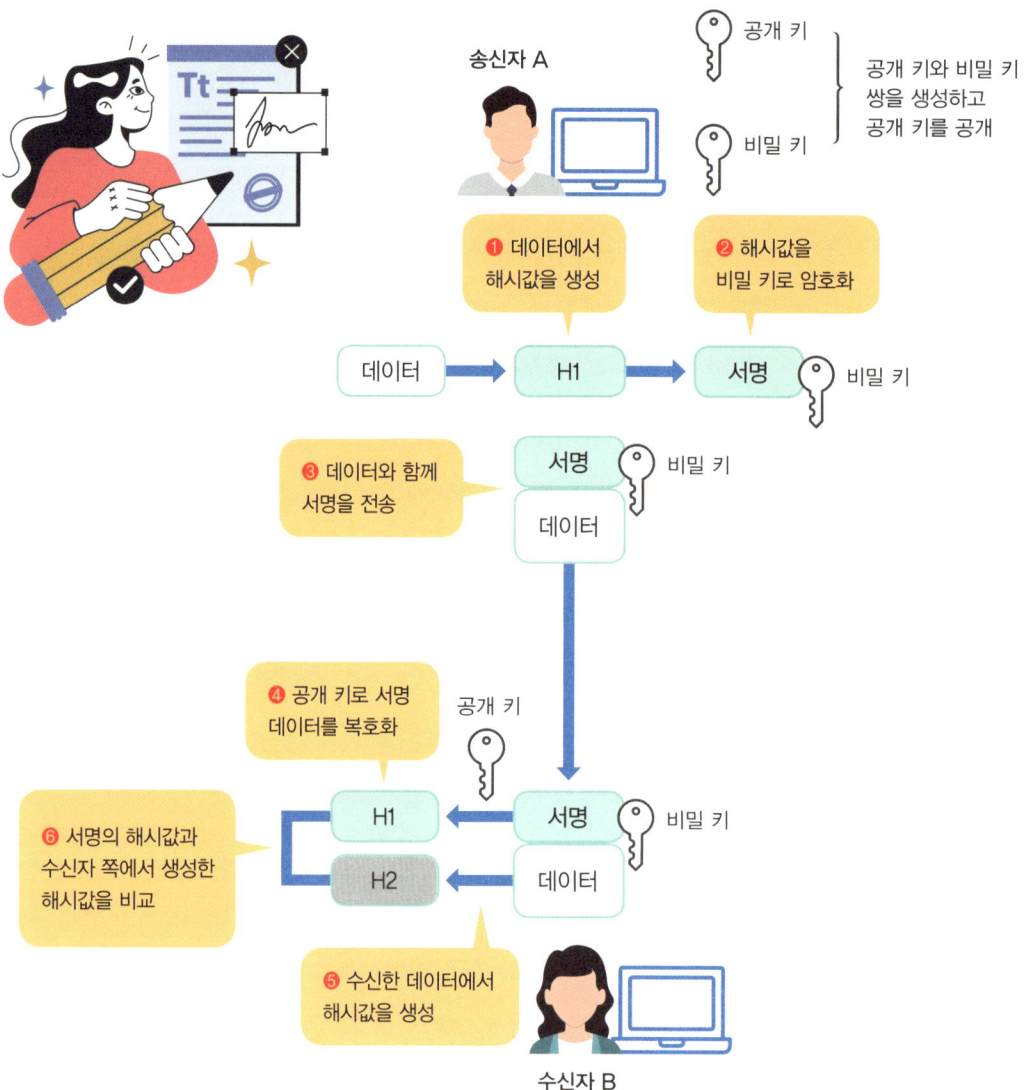

▲ 디지털 서명의 과정

Lesson 4
블록체인

POINT 2008년 비트코인의 등장과 함께 사람들의 입에 오르내리게 된 블록체인의 의미와 원리에 대해 살펴보겠습니다.

1 블록체인이란?

블록체인(Blockchain)은 데이터의 위변조를 방지하는 보안 기술입니다. 블록체인을 이해하기 위해서 은행에서의 거래를 떠올려 보겠습니다. 은행에서 거래를 하면 장부에 거래 내역을 기록합니다. 이러한 장부의 문제점은 바로 위·변조가 가능하다는 것입니다. 블록체인에서 블록은 데이터를 저장하는 일종의 단위입니다. 장부에 은행 거래 내역을 기록하는 것처럼 블록체인에서는 거래 내역을 블록에 기록합니다.

블록에는 앞에서 살펴보았던 해시값도 저장됩니다. 앞에서 생성된 블록의 해시값이 다음 블록에 저장되는데 이렇게 블록들이 체인처럼 연결되었다고 하여 블록체인이라고 부르는 것입니다.

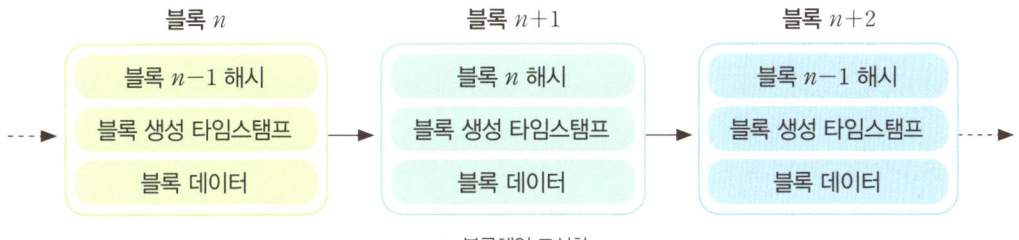

▲ 블록체인 도식화

블록체인에서 위·변조를 시도하게 되면, 즉 블록을 위·변조하면 블록의 해시값이 변합니다. 이때 하나의 블록의 해시값만 변하는 것이 아니라 연결된 모든 블록들의 해시값도 따라 변하게 됩니다. 이런 점 때문에 블록체인에서는 쉽게 위·변조할 수 없고, 이로써 보안성을 확보하게 됩니다.

2 비트코인

블록체인 기술을 활용한 대표적인 사례가 바로 암호화폐, 그중에 대표적인 비트코인 (Bitcoin)입니다. 2008년 10월 사토시 나카모토라는 이름으로 〈Bitcoin: A Peer-to-Peer Electronic Cash System〉이라는 논문이 공개되었습니다. 그리고 바로 다음 해 1월 3일 비트코인이 처음 발행되었습니다.

▲ 비트코인을 나타내는 표시

비트코인은 기존의 화폐와는 다르게 정부 또는 중앙은행 등의 개입이 없이도 개인 간의 안전한 거래가 가능합니다. 중앙화를 벗어난 탈중앙화 시스템을 지향하는 것입니다. 다수의 사용자가 확인할 수 있는 공공거래 장부에 비트코인 거래 내역을 기록함으로써 신뢰성도 확보할 수 있습니다.

비트코인은 디지털 화폐로 사용할 수 있는데 암호화폐 거래소에서 사고팔 수 있습니다. 비트코인의 시세는 계속 변하는데 2023년 3,000만 원 정도에 거래되었던 비트코인은 2024년 3월 원화로 1억 원이 넘는 금액에 거래가 되기도 하였습니다.

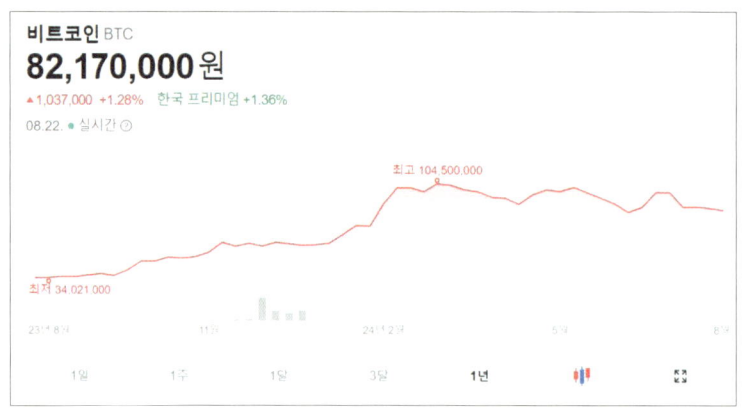

▲ 비트코인 시세를 나타내는 그래프(2024년 8월 22일 기준)(출처: 네이버페이 증권)

NOTE

디지털의 윤리적 이슈

Lesson 1 디지털 역기능
Lesson 2 인공지능 관련 이슈
Lesson 3 NFT 관련 이슈

Lesson 1
디지털 역기능

POINT 디지털 기술의 발달이 우리 생활을 더욱 편리하게 만들어 주었지만 이로 인해 발생하는 디지털 역기능도 있습니다. 이슈가 되고 있는 디지털 역기능에 대해 살펴보겠습니다.

1 디지털 서비스의 의도적 설계

여러분은 틱톡 또는 유튜브 쇼츠와 같은 영상 플랫폼에서 하나의 영상을 시청하고, 다음 재생되는 영상을 또 시청하면서 자신도 모르게 수많은 콘텐츠를 소비한 경험이 있나요? 일상에서 무의식적으로 수많은 디지털 서비스를 이용하고 있는 오늘날에는 디지털 서비스 제공자가 디지털 서비스를 어떻게 설계했는지에 따라 이용자에게 부정적인 영향을 줄 수도 있습니다.

■ 과몰입 설계

무의식적으로 콘텐츠를 소비하게 만들거나 지속적으로 알림을 확인하여 디지털 서비스를 계속 이용하도록 유도하는 설계를 말합니다. 위에서 언급한 틱톡, 유튜브 쇼츠 등에서는 지속적으로 영상 콘텐츠를 소비하도록 무한 스크롤 디자인을 활용하였습니다.

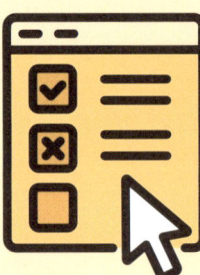

▲ 과몰입 설계 관련 기사(출처: 동아일보, https://www.donga.com/news/article/all/20230302/118147305/1)

또한 유튜브, 넷플릭스와 같은 영상 플랫폼에서 자동 재생 기능을 활용하기도 합니다. 무한 스크롤과 마찬가지로 영상 콘텐츠를 계속 소비하게 함으로써 디지털 서비스 안에 오래 머

물게 합니다.

댓글, 공감 표시 및 알림 기능도 과몰입을 위한 설계라고 할 수 있습니다. 각종 SNS의 알림 기능으로 인해 SNS 확인 빈도가 증가하게 됩니다. 따라서 자연스럽게 디지털 서비스 이용 시간을 늘리게 됩니다.

■ **기만적 설계(다크 패턴)**

다크 패턴(Dark Pattern)이란 서비스 이용자가 스스로 의도하지 않은 일을 하도록 유도하는 설계를 말합니다. 호텔 예약 서비스를 이용할 때, 검색했을 때의 가격과 결제 직전의 최종 가격이 달랐던 적이 있나요? 호텔을 검색할 때는 가격이 저렴한 것처럼 보이게 하고, 결제 직전에는 세금 등 부가적인 비용을 최종적으로 합산시키는 방법이 대표적인 다크 패턴입니다.

실제로 다크 패턴으로 인해 제재를 받는 경우도 있습니다. 한 게임사는 일관성 없이 혼란스럽게 버튼을 구성하여 게임 이용자가 버튼 하나만 누르면 이용자가 원하지 않는 요금이 부과되도록 게임을 설계해 두었습니다. 이에 미국 연방거래위원회(FTC)는 이 게임사에게 2억 4,500만 달러의 벌금을 부과하였습니다.

> '포트나이트' 무단 요금 청구한 '에픽게임즈', 6천억 이상의 벌금 확정

▲ 다크 패턴 관련 기사(출처: 게임뷰, https://www.gamevu.co.kr/news/articleView.html?idxno=26432)

한 글로벌 IT 기업은 자사의 온라인 검색 엔진을 이용할 때에 쿠키를 허용하는 것보다 거부하는 것을 더 어렵게 만들어 두었습니다. 이용자 동의 없이 광고 목적의 쿠키를 설치하도록 설계하여 6,000만 유로의 벌금을 부과받기도 하였습니다.

> 프랑스, 마이크로소프트 816억 벌금 부과

▲ 쿠키 관련 위반 관련 기사(출처: 내외경제TV, https://www.nbntv.co.kr/news/articleView.html?idxno=999161)

이외에도 회원 탈퇴 경로를 복잡하게 해두거나 상품 할인 기간이 얼마 남지 않았다고 하여 소비자의 빠른 구매를 유도하는 것, 1달씩 멤버십을 유지하는 서비스에서 최초 1달은 무료, 이후에는 유료인데 이용자가 따로 해지하지 않으면 자동 결제되는 시스템 등이 모두 일상생활 속에서 쉽게 찾을 수 있는 다크 패턴의 모습입니다.

다크 패턴으로 인한 피해를 줄이고, 이용자 중심의 서비스 구현을 위해 각국 정부는 관련 법과 제도를 정비하고 있습니다.

사이버불링

사이버 공간에서 발생하는 괴롭힘, 언어 폭력, 혐오 표현 사용, 따돌림과 같은 폭력적 행위를 사이버불링(Cyberbullying)이라고 합니다. 이러한 사이버불링이 성인보다는 청소년들 사이에서 많이 발생하고 있습니다. 방송통신위원회와 한국지능정보사회진흥원이 매년 조사하는 사이버 폭력 실태 조사에 따르면 2022년 우리나라 청소년의 41.6%, 성인의 9.6%가 사이버 폭력을 경험하였습니다.

▲ 2022년 사이버 폭력 현황(출처: 2022년 사이버 폭력 실태 조사,(방송통신위원회, 한국지능정보사회진흥원))

SNS와 같은 디지털 소통망이 발달함에 따라 사이버불링의 유형도 다양해지고 있습니다. 몇 년 전 '카톡 감옥'이라는 말이 등장하기도 하였습니다. 카톡 감옥이란 단체 대화방에 특정인을 초대하여 원하지 않는 메시지와 알림을 받게 만드는 행위를 의미합니다. 단체 대화방에서 나가도 지속적으로 초대하는 등의 경우도 있습니다.

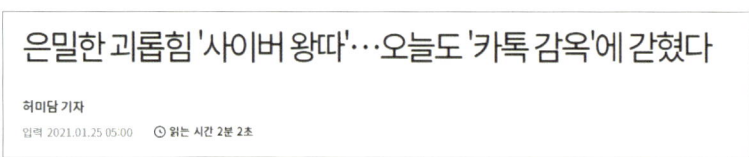

▲ '카톡 감옥' 관련 기사(출처: 아시아경제, https://view.asiae.co.kr/article/2021012211190728995)

이를 막기 위해 민간 기업에서도 여러 가지 해결책을 내놓고 있습니다. 또한 사이버불링이 주로 발생하는 연령층이 청소년이므로 학교에서도 사이버 폭력 예방 교육을 지속적으로 실시하는 등 사이버불링 예방을 위해 노력하고 있습니다.

3 디지털 혐오 표현

UN은 혐오 표현을 '말, 글, 행동에 있어서 종교, 민족, 국적, 인종, 혈통, 성별 등에 기초하여 개인 또는 집단을 공격하거나 경멸적·차별적 언어를 사용하는 모든 종류의 표현'이라고 정의하고 있습니다. 이처럼 혐오 표현이란 혐오라는 감정에 기반한 표현입니다. 디지털 기술이 발달하면서 사람들이 온라인이라는 공간에 머무는 시간이 증가하였고, 자연스럽게 디지털 혐오 표현에도 쉽게 노출되어 많은 사회적 문제들이 발생하고 있습니다.

특히 최근에는 개인 인터넷 방송이 활성화되면서 사람들의 이목을 끌기 위해 허위 정보를 흘리거나 혐오를 조장하는 콘텐츠를 무분별하게 생산하는 일들이 발생하고 있습니다. 이로 인해 연예인, 정치인과 같은 유명 인사부터 심지어 일반인에 이르기까지 대상을 가리지 않고 피해를 입고 있습니다.

> [스브스夜] '그알' 혐오 조장하는 사이버 렉카, 극단적 선택하는 피해자 잇따라..."정교한 법과 제도 필요"
> 작성 2022.03.13. 06:40 조회 11,075

▲ 디지털 혐오 조장 콘텐츠 관련 보도(출처: SBS 뉴스, https://news.sbs.co.kr/news/endPage.do?news_id=N1006673390)

디지털 혐오 표현으로 인한 여러 피해를 예방하기 위해 정부는 명예훼손 등 관련 법에 저촉되는 내용이 포함된 경우에는 제재를 가하고 있습니다. 또한 민간 기업들은 혐오 표현 근절을 위한 규정 및 원칙 등을 수립하고, 혐오 표현을 자동으로 필터링할 수 있는 기술들을 개발 및 도입하여 적용하고 있습니다.

> 네이버, AI로 '악플' 잡았다…"혐오·비하 근절한다"
> 김동훈 기자 99re@bizwatch.co.kr
> 2023.03.30.(목) 16:01
> 2019년 'AI클린봇' 도입해 악플 노출 급감

▲ 디지털 혐오 표현 근절 관련 기사(출처: 비즈워치, https://news.bizwatch.co.kr/article/mobile/2023/03/30/0038)

4. 디지털 성범죄

디지털 성범죄란 사이버 공간에서 이루어지는 성범죄입니다. 디지털 성범죄에는 불법 촬영 및 유포, 허위 영상물 제작 및 유포, 성적인 괴롭힘 등이 있습니다. 몇 년 전 대한민국 전국에서 문제가 되었던 n번방 사건이 있었습니다. 이는 미성년자를 포함한 여성들을 유인 및 협박하여 성착취물을 제작한 후, 이를 메신저를 이용하여 거래하고 유포했던 사건입니다. n번방 사건의 피해자는 무려 3,500여 명이 넘을 정도로 피해 규모가 매우 컸습니다.

> **대학생 폭로로 드러난 'n번방'…1년4개월만에 유죄 선고**
> 송고시간 | 2020-11-26 16:50

▲ 디지털 성범죄 사건 보도(출처: 연합뉴스, https://www.yna.co.kr/view/AKR20201126122000004?input=1195m)

생성형 인공지능의 발달로 인해 디지털 성범죄는 더욱 심각해지고 있습니다. 대표적으로 딥페이크를 이용하여 특정 인물의 얼굴을 나체와 합성한 사진 및 영상을 제작하고 유포하기도 합니다. 피해 대상이 유명인뿐만 아니라 가해자가 평소 알고 지내던 주변인 또는 SNS에서 확인할 수 있는 누군지 모르는 일반인도 될 수 있다는 점에서 심각한 문제라고 할 수 있습니다.

> 동아일보 | 국제
> **美 고교서 AI 딥페이크 음란물 사진 제작·유포… 막을 방법 마땅찮아**

▲ 딥페이크 이용 디지털 성범죄 관련 보도(출처: 동아일보, https://www.donga.com/news/Inter/article/all/20231106/122045419/1)

Lesson 2
인공지능 관련 이슈

POINT 2023년은 생성형 AI가 사회 전반을 뜨겁게 달구었습니다. 생성형 AI 기술의 발달과 함께 떠오르는 윤리적, 사회적 이슈들에 대하여 살펴보겠습니다.

1 데이터 편향 및 환각

인공지능이 어떠한 데이터를 학습했는지는 인공지능이 생성한 결과물의 정확도와 품질에 영향을 미치는 중요한 요소입니다. 학습한 데이터의 양이 충분하지 않거나 편향된 데이터를 학습한다면 인공지능이 생성한 결과물도 편향될 수 있습니다. 사용자의 질문에 대해 인공지능이 인종차별적, 성차별적, 그 외에 차별 또는 혐오가 담긴 대답을 내놓을 수 있습니다.

또한 챗GPT와 같은 생성형 AI가 잘못된 정보를 마치 사실인 것처럼 답변하는 경우가 있습니다. 이를 환각(Hallucination) 현상이라고 합니다. 한때 인터넷에서 화제였던 '세종대왕 맥북 던짐 사건'이 대표적인 생성형 AI의 환각 현상입니다. 챗GPT 사용자가 '조선왕조실록에 기록된 세종대왕의 맥북 프로 던짐 사건에 대해 알려줘'라고 명령하면 챗GPT는 세종대왕이 훈민정음을 작성하던 중, 문서 작성이 중단됨에 대해 화가 나서 맥북 프로를 방에 던져버린 사건이라고 매우 자연스럽게 답변했습니다. 이처럼 생성형 AI가 거짓 정보를 사실로 받아들이게 할 수 있으므로 사용자는 신뢰할 만한 답변인지 확인해야 합니다.

이러한 문제점들을 해결하기 위해 생성형 AI를 개발하는 기업에서는 지속적으로 인공지능 모델을 업그레이드하고 있습니다. '세종대왕 맥북 던짐 사건'도 이제는 그런 사건이 없다는 것을 정확하게 답변하고 있습니다.

▲ ChatGPT와의 대화 내용(출처: ChatGPT, 2024년 8월 22일 기준)

2 지적재산권

    생성형 AI가 이미지, 음악 등을 다양하게 생성하면서 생성형 AI가 창작한 저작물에 대한 저작권 인정이 사회적 쟁점으로 떠올랐습니다. 생성형 AI를 보조 수단으로 간주하여 저작권을 인정해야 하는지, 인정한다면 누가 저작권을 가져야 하는지 세계 여러 나라에서 활발히 논의하고 있습니다.

    2023년 8월 미국 법원은 인공지능이 생성한 작품은 저작권을 가질 수 없다는 판결을 내리기도 하였습니다. 저작물이란 '인간의 사상 또는 감정을 표현한 창작물'을 의미하는데 생성형 AI가 만들어 낸 창작물이 인간의 사상 또는 감정을 표현했다고 볼 수 있는지에 대해 충분히 고민하고, 논의해야 합니다.

▲ AI타임스(출처: https://www.aitimes.com/news/articleView.html?idxno=153036)

3   가짜 뉴스

　2023년 3월 트럼프 전 미국 대통령이 체포되었다는 사실을 여러분은 알고 계신가요? 다음은 바로 체포되던 당시 찍힌 사진입니다.

▲ 트럼프 전 미국 대통령이 체포되어 가고 있는 가짜 사진(AI가 생성)
(출처: 엘리엇 히긴스(Elliott Higgins) 트위터(현 X))

　혹시 위 사진을 보고 진짜라고 생각하신 분이 계신가요? 위 사진은 디지털 자료를 분석하는 단체인 '벨링캣'의 창립자 엘리엇 히긴스가 생성형 AI를 활용하여 만든 가짜 사진입니다. 이 사진을 본 소셜 미디어 사용자들은 해당 사진의 진위 여부를 파악하지 않았고, 순식간에 공유했습니다. 실제로 많은 사람이 트럼프 전 대통령이 체포되었다고 받아들였다고 합니다.

　단순한 해프닝으로 끝나지 않는 경우도 있습니다. 2023년 5월 《블룸버그뉴스》를 사칭한 블룸버그피드(bloombergfeed)라는 트위터(현 X) 계정에서 미국 워싱턴DC의 펜타곤 옆 건물에서 큰 폭발이 있었다며 다음의 가짜 사진을 유포하였습니다.

▲ 펜타곤 근처에서 폭발이 발생한 가짜 사진(AI가 생성)(출처: 블룸버그 피드 트위터 계정(현재 운영 중단))

위 사진이 유포되자 잠시지만 미국 주식 시장이 하락하는 모습을 보이기도 했습니다. 이처럼 디지털 기술이 발달하면서, 특히 최근 생성형 AI가 발달하면서 가짜 뉴스는 더욱 실제와 구분하기 어려워졌고, 가짜 뉴스로 인해 실질적인 피해들이 발생하고 있습니다.

가짜 뉴스에 대응하기 위해 일부 국가에서는 법과 제도를 정비하고 있습니다. 또한 가짜 뉴스와 같은 허위 조작 정보(Disinformation)를 생산하지 않고, 대응할 수 있도록 디지털 리터러시 교육을 실시하고 있습니다. 페이스북, 마이크로소프트와 같은 민간 기업에서는 가짜 이미지 또는 영상을 구별할 수 있는 기술을 지속적으로 개발하고 있습니다.

> **❗ 여기서 잠깐**
>
> 디지털 세상에서 가짜 뉴스와 같이 악의적 목적을 가지고 사실을 의도적으로 조작하여 생산한 정보를 '**허위 조작 정보(Disinformation)**'라고 합니다.

4 일자리 문제

인공지능이 발달하면서 사람들이 걱정하는 부분 중 하나가 바로 일자리 위협입니다. 골드만삭스는 2023년 3월 인공지능의 발달로 전 세계 3억 명 정도의 근로자가 인공지능으로 인해 자신들의 일자리를 위협받을 수 있다고 분석 결과를 발표하였습니다. 인공지능이 행정과 법률 분야의 일자리를 빠르게 대체하고, 육체 노동을 필요로 하는 일자리에는 상대적으로 영향을 덜 줄 것으로 예상하였습니다. 이처럼 인공지능의 발달로 인해 일자리를 잃고, 생계까지 위협을 받을 수 있기에 많은 사람들이 일자리 문제에 대해 걱정하고 있습니다.

> **기업과산업** 인터넷·게임·콘텐츠
> # 인공지능 3억 인구 일자리 위협한다, 골드만삭스 "선진국에 더 큰 영향"
> 이근호 기자 leegh@businesspost.co.kr | 2023-03-28 17:46:27

▲ 인공지능으로 인한 일자리 위협 관련 보도(출처: 비즈니스 포스트, https://www.businesspost.co.kr/BP?command=article_view&num=310487)

실제로 2023년 5월 미국 할리우드에서는 작가들이 고용 안정을 위해 파업을 시작하였습니다. 작가들이 주장하는 내용 중 하나는 바로 인공지능을 활용하여 대본 제작하는 것을 반대하며 규제를 촉구하는 것이었습니다. 콘텐츠 제작자들과 합의를 하면서 약 5개월 동안 파업을 마치게 되었는데 이번 할리우드 작가들의 파업을 통하여 인공지능이 우리들의 일자리를 위협할 수 있음을 확인하였습니다.

> # "AI 대본 반대→고용 안정 촉구"...할리우드 작가들, 15년 만에 파업
> 미국작가조합(WGA), 제작사조합과 협상 결렬→파업 돌입
> "OTT 위주 시장 개편이 작가 처우 악화 낳아"
> 2007년 파업 100일간 지속...인기 토크쇼, 미드 차질 불가피

▲ AI 대본 반대 관련 보도(출처: 이데일리, https://www.edaily.co.kr/news/read?newsId=01167686635605312&mediaCodeNo=258)

2023년 5월 세계경제포럼(WEF)에서 발표한 〈일자리의 미래 보고서 2023〉에서는 향후 5년 동안 약 6,900만 개의 새로운 일자리가 등장하고, 8,300만 개의 일자리가 대체되어 현재 전 세계 고용의 2%(1,400만 개) 만큼의 일자리가 감소할 것으로 전망하였습니다.

일자리 변화에 영향을 미치는 요인은 다양하지만 인공지능의 발달이 많은 일자리를 새롭게 창출하기도, 대체하기도 할 것으로 전망하였습니다. 인공지능 및 기계학습 전문가, 데이터 분석가 등의 직업은 빠르게 성장할 것으로 보았고, 디지털화 및 업무의 자동화로 인하여 사무직, 은행원 등의 직업은 빠르게 감소할 것으로 보았습니다. 2022년에는 인간이 전체 업무의

66%, 기계가 34%를 수행하고 있는 것으로 추정하였는데 인공지능 기술의 발달로 업무가 자동화되어 2027년에는 기계가 42% 정도의 업무를 수행할 것으로 전망하고 있습니다.

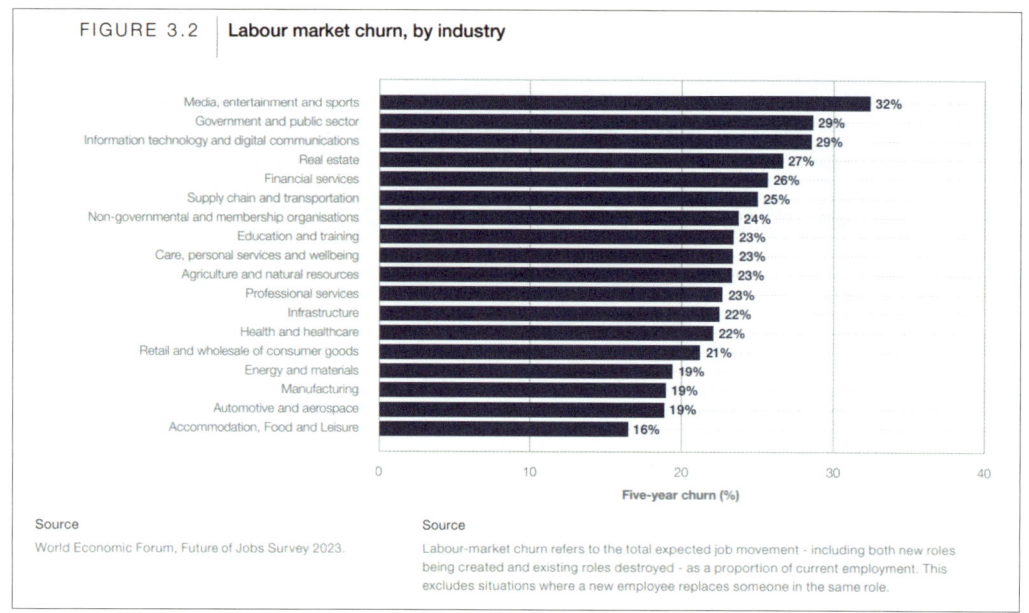

▲ 향후 5년 동안의 산업별 노동 시장 변화 정도를 예상한 그래프(출처: 세계경제포럼(WEF)의 보고서 〈The Future of Jobs Report 2023〉 중 일부)

5 위협론 vs 낙관론

인공지능의 발달로 인해 발생되는 긍정적인 면과 부정적인 면 중 어느 곳에 더 무게를 싣느냐에 따라 인공지능이 인간에게 위협이 된다는 의견과 도움이 된다는 의견이 팽팽하게 맞서고 있습니다.

인공지능 분야에서 저명한 인물인 제프리 힌튼은 인공지능으로 인해 인류 멸망도 가능하다며 인공지능의 위험성을 경고하였습니다. 또 다른 인물인 얀 르쿤은 이러한 주장에 대해 터무니 없는 이야기라며 인공지능은 인류에게 새로운 르네상스 시대를 열어줄 것이라고 주장하였습니다.

▲ 제프리 힌튼(출처: 《글로벌 이코노믹》)   ▲ 얀 르쿤(출처: 나무위키)

AI 대부의 경고…"인공지능으로 인류 멸망도 가능한 얘기"

제프리 힌튼 "디지털 지능, 생물학적 지능과는 비교 불가할 정도로 우수"
구글 "AI 기술 변화는 인간이 감당할 수 있다"…AI 개발 및 이용 원칙 발표

정대민 기자 | 입력 2023-05-02 10:00

▲ AI 대부 제프리 힌트의 경고 관련 기사(출처: 글로벌 이코노믹, http://www.g-enews.com/ko-kr/news/article/news_all/20230502091859436793bf579e81_1/article.html)No=258)

팩플
"AI에 인류멸종? 1초도 믿은 적 없다"…'딥러닝 아버지' 반기 [AI 패권전쟁]

중앙일보 | 입력 2023.06.07 05:00 업데이트 2023.06.08 08:03   지면보기

▲ AI로 인한 인류 멸종은 터무니 없는 얘기라고 반박한 얀 르쿤 뉴욕대 교수 관련 기사
(출처: 중앙일보, https://www.joongang.co.kr/article/25168051)

　인공지능 위협론에 대한 팽팽한 찬반 논란이 지속되는 동안 세계 각국은 인공지능 윤리 및 법과 제도 정비에 적극적으로 나서고 있습니다. 대표적으로 유럽연합(EU)은 2019년 〈신뢰할 수 있는 AI 윤리 가이드라인〉을 제작하고, 이어 2020년 2월 〈AI 백서〉를 발표하였습니다. 또한 2023년 현재 인공지능 법 시행도 준비하고 있습니다.

　우리나라도 2020년 12월 〈AI 윤리 기준〉을 마련하였으며 2021년 5월 〈신뢰할 수 있는 AI 실현 전략〉을 발표하였습니다. 또 2023년 인공지능 기술과 산업이 인간에 대한 안전성과 신뢰성을 높여야 한다는 것을 기본 원칙으로 한 〈인공지능산업 육성과 신뢰 기반 조성 등에 관한 법률안〉을 발의하였고, 정보 통신방송법안심사소위원회를 통과하였습니다.

　세계연합기구(UN)은 개별 정부에서의 노력으로 그치는 것이 아닌 인공지능 규제를 위한 국제 기구의 설립이 필요하다고 주장하기도 하였습니다.

Lesson 3
NFT 관련 이슈

POINT 2024년 현재에는 많이 사그라들었지만 2020년 시작되어 2021년도에 대중의 관심이 최고조에 올랐던 NFT에 대한 이슈를 살펴보겠습니다.

1 NFT 도입 필요성

다음 그림을 보신 적이 있나요? 아래 캐릭터들은 오픈씨라는 NFT 거래소에서 거래되고 있는 '크립토펑크'라는 캐릭터들입니다. 수백 억에도 거래되기도 했었던 이 NFT들은 왜 만든 것일까요?

▲ NFT 거래소에서 거래되고 있는 크립토펑크 캐릭터들

앞서 인공지능과 관련된 이슈와는 다르게 NFT는 존재 자체에 대해 먼저 논란이 있습니다. NFT 산업이 성장하면서 단순 디지털 콘텐츠에 NFT를 적용하는 것에서 나아가 NFT에 일종의 멤버십 기능을 부여하기도 합니다. 이런 상황에서 'NFT를 활용하지 않아도 되는 곳에 NFT를 굳이 사용하는 것이 아닌가?'라는 의문을 제기하기도 합니다. NFT 산업은 더 성장할 유망한 분야일지, 과거 튤립 파동처럼 거품 현상으로 사라질지 논란이 되고 있습니다.

2 저작권 논란

여러분은 '페페'라는 개구리 캐릭터를 알고 있나요? 인터넷에서 특유의 생김새로 여러 가지 상황에 맞게 응용된 사진들을 인터넷 사용자들이 사용하고 있습니다. 이렇게 인터넷에서 자주 등장하는 페페의 인기에 힘입어 NFT로도 제작되었습니다. 문제는 페페 NFT를 제작할 때, 원작자인 미국의 만화가 맷 퓨리의 허락을 받지 않았습니다. 그러자 맷 퓨리는 NFT 거래 플랫폼 오픈씨(Opensea)에 페페 사용 중단을 요청하기도 하였습니다.

이처럼 NFT 콘텐츠를 생성할 때, 저작권 침해 문제가 발생하기도 합니다. 또 이와 같은 방식으로 생성된 NFT의 저작권은 인정될 수 있는지, 있다면 저작권은 누구에게 있는지 등의 논란도 계속되고 있습니다.

뿐만 아니라 NFT 플랫폼 운영자에 대한 윤리적 문제가 발생하기도 합니다. NFT를 구매하는 구매자는 NFT의 완전한 소유권을 기대하고 NFT를 구입합니다. 그러나 거래 과정에서 문제가 발생합니다. 아주 작은 글씨로 'NFT 콘텐츠에 대한 완전한 소유권이 아닌 제한적 이용만을 허락함'과 같은 조건을 붙여 NFT 구매자의 기본적 권리를 침해하기도 합니다.

▲ 페페코인(출처: 페페코인 X(https://x.com/pepecoins?lang=ko)

찾아보기

숫자 / A-Z

2진법	19, 20
ALTER	89
AND 연산(논리곱)	26
AR(증강 현실)	153, 154
AWS(Amazon Web Services)	183
C 언어	113
C++	113
CAPCHA	48
CPU의 구조	51
DAC(Digital-to-Analog Converter)	24
DIKW 피라미드	69
Exabyte	20
Gigabyte	20
GPT-4o(omni)	134
GPU(Graphics Processing Unit)	56
Haiper AI	147
HMD(Head Mounted Display)	158
HTML	71, 118
Hz(헤르츠)	49
IaaS(Infrastructure as a Service)	182, 183
IP(Internet Protocol)	180
JSON	71
Kilobyte	20
LAN(Local Area Network)	173
Megabyte	20
Microsoft Bing	135
Microsoft Copilot	144
MLC(Multi Level Cell)	63
MR	153
NAND 연산	26, 28
NFT	210
NOR 연산	26, 29
NOT 연산	28
OR 연산(논리합)	26, 27
PaaS(Platform as a Service)	182, 183
Petabyte	20
REVOKE	90
SaaS(Software as a Service)	182, 183
SD(Secure Digital) 카드	63
SELECT	89
SLC(Single Level Cell)	63
SQL(Structured Query Language)	89
SSD(Solid State Drive)	63
Suno	138
TCP/IP	180
Terabyte	20
TLC(Triple Level Cell)	63
UPDATE	89
USB 메모리(USB 플래시 드라이브)	63
VR(가상 현실)	152, 153
WAN(Wide Area Network)	173
XML	71
XNOR 연산	30
XOR 연산	30
Yotabyte	20
Zetabyte	20

ㄱ

가비지 컬렉션(Garbage Collection)	116
가상 머신(Virtual Machine)	182
가상 세계(Virtual Worlds)	157, 159, 162
가상 이미지(Imagination, 가상 환경)	152
가상 현실(VR, Virtual Reality)	152
가상 회선(Virtual Circuit) 방식	178
가상화(Virtualization) 기술	182
간선(Edge)	83
강인공지능	129
개인용 컴퓨터(PC, Personal Computer)	42
객체 지향형 데이터베이스	88
객체 지향형 프로그래밍	88, 119
객체(Object)	119
거울 세계(Mirror Worlds)	159, 161
결합 법칙	31, 32
계층형 데이터베이스	87
고급 언어(High-level language)	114
고든 무어	51
고트프리트 라이프니츠	40
공간 복잡도(Space Complexity)	99
공개 키 암호 방식	189
공용(Public, 공개형) 클라우드	184
공통 키 암호 방식	188
관계형 데이터베이스	71, 88
관리 언어(Managed Language)	116
교환 법칙	31, 32
구글 미트(Google Meet)	13
구글 제미나이(Gemini)	132
구글 트렌드	132
그래프(Graph)	83
그리고레 부르데아	152
기계학습(Machine Learning)	128
기호주의(Symbolism)	128
깊이 우선 탐색(DFS, Depth First Search)	108

ㄴ

낸드(NAND) 게이트	63
너비 우선 탐색(BFS, Breadth First Search)	108
네트워크(Network, 통신망)	173
네트워크형 데이터베이스	83
노드(Node)	175
노어(NOR) 게이트	63
논리 게이트	26
논리곱(AND)	26
논리식	25
논리합(OR)	25
논리형 프로그래밍	124
니콜라스 네그로폰테	16
닐 스티븐슨	157

ㄷ

다이오드	19
다크 패턴(Dark Pattern)	199
다형성(Polymorphism)	122
달리(Dall·E)	132, 135
대문자 O(빅오) 표기법	98
대문자 오메가(Ω) 표기법	98
데이터 과학 벤다이어그램	75
데이터 과학(Data Science)	74
데이터 전처리 과정	75
데이터 정의어(DDL)	89
데이터 제어어(DCL)	90
데이터 조작어(DML)	89
데이터 편향	208
데이터(Data)	68
데이터그램(Datagram) 방식	178
데이터베이스 관리 시스템(DBMS)	85
데이터베이스(Database, DB)	84
데이터 환각	203
덱(Deque)	82
동적 타입 언어	116
듀얼코어(Dual-Core) CPU	50
드 모르간의 정리	31
드류 콘웨이(Drew Conway)	75
디램(DRAM)	59
디스크 암	62
디스크 헤드	62
디지털	12, 13, 14
디지털 리터러시	33
디지털 서명	190, 191, 192
디지털 성범죄	202
디지털 신호 전환	22
디지털 역기능	198
디지털 원주민(Digital Native)	14
디지털 유목민(Digital Nomad)	14
디지털 정보	19
디지털 트윈(Digital Twin)	165, 166, 167
디지털 혐오 표현	201
디지털-아날로그 변환기(DAC)	24
딥러닝(Deep Learning)	128, 129

ㄹ

라이프로깅(Lifelogging)	159, 161
라즈베리 파이(Raspberry Pi)	46
램(RAM, Random Access Memory)	57, 58
레지스터(Register)	58, 60
렌더링(Rendering)	152
로즈-다이어그램	69, 70
롬(ROM, Read Only Memory)	57, 58
링 토폴로지(Ring Topology)	174

ㅁ

마스크 롬(Mask ROM)	58
마이클 그리브스	165
매트릭스(Matrix)	159
멀티코어(Multi-Core) CPU	50
메모리	57
메모리 버퍼 레지스터(MBR)	55
메모리 주소 레지스터(MAR)	55
메서드(Method)	120
메시 토폴로지(Mesh Topology)	174
메타 퀘스트 3	155
메타버스(Metaverse)	157
메타버스의 4가지 유형	160
멱등 법칙	31
명령어 레지스터(IR, Instruction Register)	55
명령형 프로그래밍	117, 118, 119
몰입감(Immersion)	152
무어의 법칙	51
미드저니(Midjourney)	131, 132

ㅂ

바드(Bard)	133
반정형 데이터(Semi-Structured Data)	71
배열(Array)	178

버블 정렬 알고리즘	101
버스 토폴로지(Bus Topology)	174, 175
병합 정렬 알고리즘(Merge Sort Algorithm)	103
보간 법칙	32
보조 기억 장치	47, 57
복호화	188
부정(NOR)	26, 29
부호화(Encode)	172
분배 법칙	31, 32
불 대수(Boolean Algebra)	25, 26, 31
블레즈 파스칼	40
블록체인(Blockchain)	193
비관리 언어(Unmanaged Language)	116
비밀 키(Private Key)	189
비선형 구조	82
비정형 데이터(Unstructured Data)	70
비트코인(Bitcoin)	193
빅데이터	72
빅데이터의 5V	72
빅오(Big-O) 표기법	97

ㅅ

사설(Private, 폐쇄형) 클라우드	184
사이버불링(Cyberbullying)	200
산술 논리 연산 장치(ALU)	51
삽입 정렬 알고리즘(Insertion Sort Algorithm)	102, 103
상속(Inheritance)	121
상호 작용(Interaction)	152
생성자(Constructor)	120
생성형 AI	131
서브 클래스	121
서울시 디지털 트윈	168
선언형 프로그래밍	117, 118
선입선출(FIFO, First-In-First-Out)	82
선택 정렬 알고리즘	100
선형 구조	78
선형 탐색 알고리즘	106
소문자 o 표기법	98
소문자 오메가(ω) 표기법	98
속성(Attribute)	120
순수 함수(Pure Function)	123
스킴(Scheme)	124
스타 토폴로지(Star Topology)	174
스택(Stack)	80
스테이블 디퓨전(Stable Diffusion)	132
시간 복잡도(Time Complexity)	97, 99
신호	17, 22, 23, 172
실행 시간(런타임)	116
실행 장치(Execution Unit)	53
심층 신경망(Deep Neural Network, DNN)	129

ㅇ

아날로그	15, 16, 17
알고리즘	94, 95, 96
알-코리즈미(Al-Khwarizmi)	95
암호 기법(Cryptography)	187
암호화	187
애플 Ⅱ	42, 43
애플 비전 프로	155
앨런 튜링	43, 44
약인공지능	129
얀 르쿤	208, 209
양자화	22
어셈블리어(Assembly Language)	113
얼랭(Erlang)	124
에니그마(Enigma)	43, 44
에니악(ENIAC)	41, 42
에드삭(EDSAC)	42
에스램(SRAM)	59
엔비디아	56
연결 리스트(Linked List)	79
연결주의(Connectionism)	128
오버클러킹(Overclocking)	49
오픈씨(Opensea)	210
유니박(UNIVAC)	42
음성 인식	70
의사코드	94, 95
이미지 인식	70
이반 에드워드 서덜랜드	154
이중 부정 법칙	31
이진 탐색 알고리즘	107
이피롬(EPROM, Erasable PROM)	58
인공지능	128
인스턴스(Instance)	121
인증(Authentication)	186
인터프리터 방식	114
인텔	50
일론 머스크	152
일반인공지능(AGI)	129
입출력 장치	41, 47, 64

ㅈ

자료 구조	76
자료형(Type)	116
자바(Java)	113
자바스크립트(Javascript)	123, 124
자식 클래스	121
자연어 처리(NLP)	70
자크 아탈리(Jacques Attali)	14
장치 드라이버	64
장치 컨트롤러	64
저급 언어(Low-level languages)	114
저장 장치 계층 구조	60
전통적 데이터	73
접근적 표기법	97
정보 통신	172
정적 타입 언어	116
정형 데이터(Structured Data)	70
제어 장치(CU, Control Unit)	41, 51
제프리 힌튼	208, 209
조작 정보(Disinformation)	206
조지 불(George Boole)	25
존 매카시(John McCarthy)	181
존 빈센트 아타나소프	41
주 기억 장치	47, 57
줌(Zoom)	13
중앙처리장치(CPU)	48, 49
증강 현실(Augmented Reality)	159, 160
지적재산권	204
진법 변환	20, 21

ㅊ

차분 기관(Difference Engine)	40
찰스 배비지(Charles Babbage)	40
챗GPT(ChatGPT)	123, 124, 125, 126
층(레이어)	130

ㅋ

카버 미드(Carver Mead)	51
캡슐화(Encapsulation)	121
컴파일러 방식	114
컴퓨터(Computer)	39
쿼드코어(Quad-Core) CPU	50
퀵 정렬 알고리즘	104
큐(Queue)	81
클라우드(Cloud)	181
클래스(Class)	120
클럭(Clock)	49
클로드 섀넌	172
클리포드 베리	41
키 배송 문제	188

ㅌ

텍스트 마이닝	70
토폴로지(Topology)	174
튜링 테스트	44, 45
트랜지스터	19, 25
트리(Tree)	83
트리플코어(Triple-Core) CPU	50
팀 쿡	155

ㅍ

파이썬(Python)	113
패밀리 트리	83
패킷 교환	177, 178
페이지	63
포트란(Fortran)	113
표본화 정리	23
표본화(Sampling)	23
프로그래밍(Programming)	112, 113
프로그램 카운터(PC, Program Counter)	55
프로토콜(Protocol)	180
프롤로그(Prolog)	124
플래그	52
플래시 메모리(Flash Memory)	63
플래터(Platter)	61
플로렌스 나이팅게일	69, 70
플로피디스크	62
피롬(PROM)	58

ㅎ

하드디스크(HDD, Hard Disk Drive)	58
하스켈(Haskell)	124
하이브리드(Hybrid, 혼합형) 클라우드	184
함수형 프로그래밍	124
항등 법칙	31
해독(Decode)	172
해석 기관(Analytical Engine)	41
해시 알고리즘	190
해시값	190
환각(Hallucination) 현상	203
회선 교환	176, 177
후입선출(LIFO, Last-In-First-Out)	80
흡수 법칙	31

한눈에 보이는 디지털 그림책

2024. 9. 4. 1판 1쇄 인쇄
2024. 9. 11. 1판 1쇄 발행

지은이 | 한선관, 조현제
펴낸이 | 이종춘
펴낸곳 | BM (주)도서출판 성안당
주소 | 04032 서울시 마포구 양화로 127 첨단빌딩 3층(출판기획 R&D 센터)
       10881 경기도 파주시 문발로 112 파주 출판 문화도시(제작 및 물류)
전화 | 02) 3142-0036
       031) 950-6300
팩스 | 031) 955-0510
등록 | 1973. 2. 1. 제406-2005-000046호
출판사 홈페이지 | www.cyber.co.kr
ISBN | 978-89-315-5871-5 (93000)
정가 | 20,000원

이 책을 만든 사람들
책임 | 최옥현
기획·편집 | 조혜란
교정·교열 | 장윤정
본문·표지 디자인 | 메이크디자인
일러스트 | 양복선, 메이크디자인
홍보 | 김계향, 임진성, 김주승, 최정민
국제부 | 이선민, 조혜란
마케팅 | 구본철, 차정욱, 오영일, 나진호, 강호묵
마케팅 지원 | 장상범
제작 | 김유석

이 책의 어느 부분도 저작권자나 BM (주)도서출판 성안당 발행인의 승인 문서 없이 일부 또는 전부를 사진 복사나 디스크 복사 및 기타 정보 재생 시스템을 비롯하여 현재 알려지거나 향후 발명될 어떤 전기적, 기계적 또는 다른 수단을 통해 복사하거나 재생하거나 이용할 수 없음.

■ 도서 A/S 안내

성안당에서 발행하는 모든 도서는 저자와 출판사, 그리고 독자가 함께 만들어 나갑니다.
좋은 책을 펴내기 위해 많은 노력을 기울이고 있습니다. 혹시라도 내용상의 오류나 오탈자 등이 발견되면 "**좋은 책은 나라의 보배**"로서 우리 모두가 함께 만들어 간다는 마음으로 연락주시기 바랍니다. 수정 보완하여 더 나은 책이 되도록 최선을 다하겠습니다.
성안당은 늘 독자 여러분들의 소중한 의견을 기다리고 있습니다. 좋은 의견을 보내주시는 분께는 성안당 쇼핑몰의 포인트(3,000포인트)를 적립해 드립니다.
잘못 만들어진 책이나 부록 등이 파손된 경우에는 교환해 드립니다.

 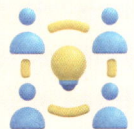